発達障害の子どもを伸ばす魔法の言葉かけ

养育迟缓儿
从好好说话开始

60个语言互动技巧，
帮孩子实现追赶性成长

[日] Shizu ◎ 著

[日] 平岩干男 ◎ 监修

丁 洁 ◎ 译

北京科学技术出版社

著作权合同登记号　图字：01-2024-5807

图书在版编目（CIP）数据

养育迟缓儿从好好说话开始：60个语言互动技巧，帮孩子实现追赶性成长 / （日）Shizu著 ；（日）平岩干男监修；丁洁译. -- 北京：北京科学技术出版社，2025（2025重印）. -- ISBN 978-7-5714-4230-9

Ⅰ. G766

中国国家版本馆CIP数据核字第20241AQ397号

策划编辑：路　杨
责任编辑：路　杨
责任校对：贾　荣
内文插图：得能史子
内文整合：伊藤淳子
责任印制：吕　越
出 版 人：曾庆宇
出版发行：北京科学技术出版社
社　　址：北京西直门南大街16号
邮政编码：100035
电　　话：0086-10-66135495（总编室）　0086-10-66113227（发行部）
网　　址：www.bkydw.cn
印　　刷：北京华联印刷有限公司
开　　本：787 mm×1092 mm　1/16
字　　数：171千字
印　　张：10.5
版　　次：2025年2月第1版
印　　次：2025年10月第4次印刷
ISBN 978-7-5714-4230-9

定　　价：79.00元

权威推荐

（按姓氏拼音首字母排序）

应用行为分析（ABA）技术在分析孩子如何学习、提升学习能力中展现了神奇魔法般的效果。本书借助真实案例、生动图示和易读的操作方法，成功地把严谨科学的 ABA 技术展现给了读者。更难能可贵的是，本书的案例符合东方文化的家庭场景，方便读者理解借鉴。本书提供的方法符合当下流行的自然情境教学的要求，介绍了如何利用日常生活中的各种时机对迟缓儿进行干预。这本书一定会帮助孩子快乐且迅速地进步！

——吉宁

北大医疗脑健康行为发展教研院执行院长

北京大学医学博士

对于发育迟缓儿童的家庭来说，这本书提供了许多实用的互动游戏和方法，特别适合刚接触干预的新手家长。它以浅显易懂的方式，把科学方法融入日常生活，帮助家长更有方向地陪伴孩子，值得一读。

——加州小胖妈

特殊教育学硕士、国际认证行为分析师（BCBA）

这是一本温暖的小书。说它温暖，是因为作者以父母的笔触，分享与特殊孩子相处的点滴日常——那些起起伏伏，那些无奈挫折，还有那些充满希望的闪光点以及可以跟着孩子一起感受的喜怒哀乐。说它是本小书，是因为它让我们感受到教养孩子可以不用那么抽象高大，ABA 的理念也并不庞杂和艰涩。作者透过简单的漫画图解、一次一小步的策略实操，帮助忙碌焦虑的父母也能有开始实践的方法与动力。我一边读着，一边嘴角勾起小小的微笑。盼望着这本书能为很多父母带来鼓励和力量！

——林凡裕

美国宾州州立大学特殊教育学博士

国际认证行为分析师 - 博士级（BCBA-D）

语言互动是特殊儿童早期干预的重中之重，是居家干预中必不可少的练习。ABA 具有扎实的理论基础和最多的循证实践，已经成为当前早期干预的主流教学策略，值得推荐。ABA 里的语言行为训练方案，包含系统的评估和成熟的教学阶梯，它不仅有口语听说的训练，还有大量的涉及社交互动和游戏技能以及问题行为的应对策略。这本出自专业人士和家长之手的 ABA 实践指导书，着重讲解了在居家环境下如何提高孩子各方面的能力，语言通俗，案例鲜活，显然是家长切身实战的经验之谈。

我之前参与过多本日本的特殊儿童干预书籍的翻译，它们在版面格式上无一例外地都是这种简明生动的设计，讲解中配有大量的日式漫画，醒目的小标题可以帮助家长快速厘清教学要点，如同在看产品说明书一样。这样的内容和结构设置，会让家长在阅读和学习过程中感到轻松。

——秋爸爸

北京协和医学院副教授、特殊儿童父亲

作为一名 BCBA，我长期和发育迟缓（包括孤独症）的孩子及其父母打交道，我认为所有父母都应该好好研读这本书。它不是讲一些空洞的理论和技术，而是从 ABA 这个超级实用落地的学科来告诉父母如何系统地支持孩子、建立良好的亲子关系、与孩子进行游戏和语言互动、解决问题行为等。ABA 是国际普遍接受的干预"金钥匙"。这本书把 ABA 的精华以非常通俗易懂、父母好上手的方式展现出来，并把迟缓儿家庭在日常生活中容易踩得坑都一一显露，在每个坑前拦住你，告诉你如何不踩到坑里。"新"家长读了会快速且系统地了解干预的全貌。"老"家长可以通过读这本书查漏补缺，进一步丰富自己的养育经验。

——乔环环

华东师大学前教育学硕士、BCBA

这本书既是育儿经验的汇集，也是实用的行动指南。它深入探讨了利用 ABA 方法进行语言互动的有效策略，帮助家长与孩子建立良好关系。书中通过 ABC 分析法，提供了减少孩子烦躁情绪的有效方法，强调了称赞的力量，并分享了通过游戏增强亲子互动的技巧。此外，书中还提供了应对孩子问题行为的实用建议，以及在日常生活中培养孩子能力的互动方式。这本书为家长对孩子的干预训练提供了宝贵的支持，值得每位家长和教育工作者一读。

——王崇颖

牛津大学医学博士，BCBA-D

南开大学心理学教授

这本书非常适合新手家长学习如何用科学有效的方法和有特殊需要的孩子在日常生活中相处和沟通。书中详细阐述了如何运用 ABA 的原理来帮助发育迟缓儿童，提高他们的语言能力和社交技能；同时也提出了建立良好的亲子关系、设定相处沟通小目标、有效的称赞和辅助、规则意识的建立、不断复习来巩固行为以及以成功体验结束活动等方法，来促进孩子的发展。本书通过具体的案例和实用技巧，帮助家长更好地理解和应对孩子的行为问题，在提高孩子的自信心和社交能力的同时，也让新手家长成为更有胜任力的家长。

——张苗苗

国际行为分析协会中国分会会长、BCBA

序

身为一名儿科医生，我为患有发育迟缓（包括孤独症）的儿童提供干预治疗已经有 30 多年了。尽管近年来人们对儿童发育迟缓的了解逐渐加深，但由于之前日本国内流传着许多错误的信息，导致还有很多发育迟缓的儿童没有得到恰当的干预。

例如，伴有语言发育迟缓的孤独症儿童通常被认为合并智力障碍，这类孩子一般除了作为智力障碍儿童接受训练以外，其他方面的问题并没有得到妥善解决。另外，曾经还有一种观点认为，孩子发育迟缓是父母养育方式不当造成的，只要给予孩子足够的爱，孩子的问题就会得到改善，所以很多父母为此很自责，或者不知道该如何与孩子相处。

如今，随着人们对发育迟缓研究的不断深入，各种干预治疗方法相继推出，干预训练机构的数量也在不断增加。然而，围绕着幼儿发育迟缓仍然存在许多问题。有两点我感触颇深：

其一是诊断困难。在经验丰富的医疗机构，孩子在 2 岁左右就可以明确诊断。但还有很多医疗机构要到孩子 3 岁以上才能做出诊断。尽管医疗、保健相关人员认为孩子疑似发育迟缓，同时父母也有同样的疑虑，但是因为暂时没有明确的诊断，导致父母无法尽早开始积极行动。时间就这样一天天过去了，这让很多父母感到焦虑和沮丧。

其二是，即使已经明确诊断，很多父母也不知道应该如何应对，甚至可能会陷入绝望。有的父母会焦急地四处寻找相关信息，而最终给孩子施行的干预训练却不见效，于是变得更加忧虑。

相对地，在过去 30 年间，北美一些国家在儿童发育迟缓干预训练的研究方面取得了很大的进展，有许多报道称发育迟缓（包括孤独症）儿童通过适当的干预取得了惊人的进步。ABA（Applied Behavior Analysis，应用行为分析）是典型的干预方法之一。事实上，ABA 在 20 年前已经进入了日本，但并不普及，只有部分专家在进行研究，其应用也不充分。

ABA 有很多执行方法，但根据不同执行方法之间的巨大差异，可能会给幼儿家庭的日常生活带来很大的负担。然而，学习 ABA 的基础知识并没有多么困难。父母只要理解了 ABA 的理念并积极实践，就能看到孩子的显著进步。

本书的作者 Shizu 女士，在对孩子的干预训练中，通过不断尝试，最终遇到了 ABA，并基于 ABA 的观点，创造出独具匠心的实操方法，大大提高了孩子的能力。Shizu 女士的孩子能有如此大的进步，很多人会有这样的疑问：是不是因为她的孩子很多方面能力没有那么落后？但实际上从我多次接触 Shizu 女士的孩子以及了解到他成长的经历来判断，孩子确实从 Shizu 女士的干预方法中获益很大，甚至超出了最初的预期。其他接触过他们的医疗专业人士也和我有一样的判定。

目前，Shizu 女士正致力于对发育迟缓儿童家庭的支持活动，为父母们带来希望，并坚定他们帮助孩子的信心。

Shizu 女士根据自身经验写下这本书，虽然是以应对发育迟缓（包括孤独症）儿童的问题为前提，但实际上，这本书包含了很多养育孩子（包括典型发育儿童）时可以参考的建议。这本书不仅对患有发育迟缓的孩子有帮助，对那些略有一点症状的孩子，甚至完全没有症状的孩子也同样适用。

我相信，对孩子被确诊为发育迟缓儿童的父母们，这本书的帮助毋庸置疑。对那些孩子尚未被诊断为发育迟缓但极度疑似，想要开始为孩子做点什么的父母；或者对孩子的异常言行苦恼却不知道该如何去做的父母，这本书也一定会很有帮助。

平岩干男

与 ABA 的相遇，帮助我的儿子提高了语言能力和社会性

我的儿子空在 3 岁那一年，出现了语言发育迟缓的现象。在我和他玩耍、进行语言互动时，他没有任何反应，更别说与我目光对视了。出于担心，我带他去看了专科医生，儿子最终被诊断为孤独症。刚拿到诊断结果时，我的内心充满了绝望，"我们一辈子都无法和这个孩子对话了吗？"即使接受了医生提出的"多和他进行语言互动""多陪他玩"的建议，我也不知道该怎么面对几乎没有任何反应的儿子。我当时真的不知所措。

后来我终于振作起来，为了儿子努力向前看。我从早到晚在网络上收集信息，找到了一种叫作 ABA 的干预训练方法。通过学习 ABA，我得到了很多与孩子互动的灵感。我也会思考在日常生活中有没有一种方法，能够"寓教于乐"地提高儿子的语言能力，所以决定利用生活中的每一个机会使用 ABA 和儿子互动（这被称为随机教学法或偶发教学法）。

通过一段时间的努力，空的语言能力和社会性得到了极大的提高。空 3 岁时，测得的 PARS（广泛性发育障碍日本孤独症协会评定量表，得分 9 分以上则被视为"疑似孤独症"）分数为 25 分；等到他上小学时，分数已经下降到 5 分。如果没有遇到 ABA，我想他不会有如此惊人的进步。

当我把在儿子身上实践的经验介绍给和我有同样烦恼的妈妈们时，收到了意想不到的反响。我开始想："我要把这么好的方法分享给更多的人！"本书不仅总结了与孩子进行语言互动的有效方法，还介绍了给父母和孩子带来欢声笑语的"行动秘诀"。我会尽量站在父母的角度，以简单易懂的方式说明 ABA 的理论和相关术语。我希望本书能够成为父母们理解并实践 ABA 的垫脚石，为正处于苦恼中的他们提供尽可能多的帮助。

致正处于苦恼中的你

本书中，有我自己的育儿经验，还有我作为干预顾问与很多孩子交往时总结出来的能让父母和孩子欢笑的"行动秘诀"。本书介绍的方法尤其对解决下面这些问题效果显著。

——孩子不能与他人对视，你对他说话他也没有反应，你不知道应该如何与他交流。

➡ 通过简单的游戏与孩子进行心灵上的交流。

……前往第一章、第四章

——孩子有语言发育迟缓问题，你不知道该如何与他进行语言沟通。

➡ 了解在日常生活中适时进行语言互动的诀窍。

……前往第七章

——你整天都在责备孩子，自己很急躁。

➡ 客观地分析孩子的行为，了解应对的诀窍。

……前往第二章、第六章

——不管你说了多少次同样的话，孩子都不听。

➡ 给孩子最简单易懂的指令的诀窍。

……前往第五章

——孩子想要你表扬他，但你不知道该怎么做。

➡ 在孩子完成目标任务时给予表扬的诀窍。

……前往第三章

编者说明

　　我们都知道，儿童的早期发展十分关键，所以当父母发现孩子在任何一个领域如语言、大运动、社交等，存在比同龄孩子发育落后的现象，都值得重视，应该早早针对孩子发育落后的领域进行干预，尤其要重视在家庭中的干预。同时，越来越多的专家建议父母们，不要过度执着于孩子的诊断，而要重视孩子各个领域的发展是否到位。当我们尽力提升了孩子在各领域的技能，不论诊断是什么，孩子都将受益终生。

　　本书不仅适用于已经确诊有发育迟缓问题（包括孤独症、言语语言发育迟缓等）的儿童的家庭，也适用于那些发现孩子在某个领域有明显落后问题的家庭作为参考书。本书并不能取代专业人员的评估、诊断或治疗。我们希望这本书能为父母们养育孩子打开一扇新的大门，帮助父母们从更科学的角度对孩子的能力进行提升。在育儿之路上遇到困难时，很多时候如果我们早一点做出改变，孩子就能更好地成长。

　　我们一直相信，父母的爱和陪伴，是给孩子最好的疗愈！

　　声明：我们完全秉持性别平等的理念，仅仅为了阅读的需要，在书中当提到第三人称时，除了特定语境，统一用"他"来指代。

目　录

第五章　发出警告、指令时的语言互动方法

第六章　处理孩子问题行为的七个方法

第七章　日常生活中多个场景下的语言互动方法

第八章　使用 ABA 帮助孩子持续进步的七大关键

第九章　致为孩子干预训练奋战的你

结　语

第一章

利用 ABA 进行语言互动的建议

使用 ABA，我们可以这样做

使用 ABA，我们对孩子可以做些什么呢？另外，可以从中得到什么样的收获呢？

设定一个个的小目标，让孩子尝试挑战

我们在养育孩子的时候，重要的不就是"称赞孩子""使孩子获得自信"，然后"让孩子露出笑容"吗？能看到孩子的笑容，父母自己也会感到幸福。

但是，发育迟缓或较难养育的孩子经常会被训斥，因此往往没有自信心，自我肯定感也较低。

对于这类孩子，我们如何利用 ABA 与他们互动呢？

❶ **把任务细分（拆解成一个个小步骤），孩子做得到就及时赞扬，帮助孩子不断累积成功的体验，来提高他的自我肯定感。**

好的行为 容易巩固 ⭕

妈妈大忙了。谢谢宝宝！真的是帮了

好的行为 不易巩固 ❌

再也不想帮忙了……

不要！乱放！啊

比如，刚开始学习跳绳的时候，有的孩子立马就能学会，但有的孩子就是找不到诀窍甚至连绳子都不会抢。对待后者，有些父母常常会做出这样的反应：一边怒斥"这样不行吧"，一边说"真是没有运动细胞啊"，然后孩子就放弃了。

而运用 ABA 的方法，父母需要先观察是什么阻碍了孩子，再将任务细分。我们可以设定一个个的小目标，让孩子去挑战。比方说，如果孩子完全不能抢起绳子，我们可以先把绳子剪断，让孩子从单手抢动绳子开始练习。如果孩子做到了就及时称赞他，然后再进行下一步：让孩子手臂贴住身体抢绳子，孩子做到后要给予称赞……就这样把学习跳绳这个大目标拆解为一个个小目标，孩子被称赞的次数增加了，成功的体验也会增加，自我肯定感也会自然而然地提高。

重复成功的体验，提高孩子的自我肯定感

❷ 通过表扬强化、巩固好的行为。

像左边的插图一样，孩子帮忙把用完的餐具拿到水槽里的时候，如果对他说"谢谢宝宝，真的是帮了妈妈大忙了"这样称赞的话，孩子再次帮忙的概率会大幅提高。这就是通过赞扬来强化孩子放回餐具的行为。

但是如果妈妈挑毛病说"不要乱放！"，孩子放回餐具的行为不仅不会被强化，还会降低孩子下次帮忙的概率。

有些父母喜欢给孩子"找碴儿"，但 ABA 重视的是赞扬。赞扬可以强化孩子符合成人期望的行为。

很多特殊儿童，即使喜欢跳舞，也不知道该如何做动作。我的儿子空也是如此。但是当他读幼儿园中班时，在一次运动会舞蹈比赛项目的练习中，之前常常呆立不动的他逐渐学会了舞蹈动作，后来终于可以跳完整首曲子了。这多亏了空的指导老师在背后牵着他的手一边鼓励他，一边一点一点地教他舞蹈动作。

看到面无表情呆呆站着的孩子，或者厌恶与人互动的孩子，父母会不会觉得孩子很可怜，然后陷入愧疚感中。你如果因为"不想给孩子太大压力"而什么都不做，最终可能限制孩子潜力的发挥。利用 ABA 与孩子互动时，我注意到：要相信孩子的潜在能力，以正向的心态和他进行积极的互动。

使用 ABA 进行训练时的要点

在使用 ABA 进行互动时，需要掌握八个要点。首先把这些要点牢牢记在心中吧！

要点

1

建立良好的亲子关系

在使用 ABA 方法与孩子互动之前，首先要让孩子真心感觉"和爸爸妈妈在一起很开心""可以依靠爸爸妈妈"，父母也应该感到"和孩子在一起的时候很开心"。这是使干预训练达到理想效果的前提。（→第 6 页）

要点

2

用小步骤来重复成功体验

尽可能将一个大的任务分成几个小的步骤来完成，把一次就可以实现目的的标准降低。一边逐一完成这几个步骤，一边让孩子重复获得成功的体验，这样孩子的自信心就会逐渐提高，最终完成整个大的任务。（→第 8 页）

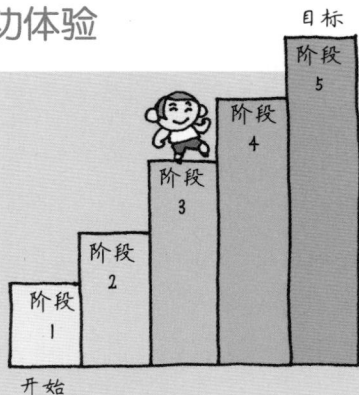

目标

阶段 5

阶段 4

阶段 3

阶段 2

阶段 1

开始

要点

3

有效地使用夸赞语

如果孩子能完成任务，无论是多么小的任务也请多多夸孩子。对于孩子来说，夸赞是最棒的奖励。（→第 10 页）

你好厉害呀！做到了！

要点 4　做不到的事情给予辅助

当给孩子安排的任务比较难的时候，父母可以轻松地用语言给予辅助，或者从背后辅助孩子完成困难的动作。进行辅助也是有诀窍的。（→第 12 页）

要点 5　建立规则意识（依从性）

ABA 所指的规则，是指儿童应服从于干预者的指令。父母不能凡事顺从孩子的意见，必要时必须坚定立场，让孩子听从父母的指令（建立依从性）也很重要。（→第 14 页）

要点 6　不断重复，巩固记忆和行为

为了巩固记忆和行为，重要的是反复练习。尤其对于患有发育迟缓的儿童，一件事情重复进行几十次才能记住的情况很常见。所以，通过有效的重复来提高孩子的学习效果吧！（→第 16 页）

要点 7　最后，一定要体验成功

如果一件事情到最后也没做成，孩子就会一直停留在被训斥的痛苦记忆中，失去干劲，甚至导致亲子关系恶化。为了让孩子能有快乐的记忆，父母应学习合理地给孩子安排任务和进行语言互动时如何引导孩子。（→第 18 页）

要点 8　设定任务，记录下来

决定好要解决的问题，并将精力集中在这些问题上。另外，孩子完成任务的情况、当天的状态等，即使很简单也请父母记录下来。通过回顾过去的记录，可以感受到孩子的成长，也可以看到新的指导要点。（→第 20 页）

要点 **1**

建立良好的亲子关系

为了实践 ABA 并取得成果，父母和孩子最好能建立良好的亲子关系。如果没有良好的亲子关系作为基础，ABA 的干预效果会大打折扣。

良好的亲子关系如何帮助提高 ABA 效果

在临床心理学中，治疗师和服务对象相互依赖，双方处于可以进行心灵交流的令人安心的状态，这被称为"和睦关系（rapport）形成"。

在理想情况下，使用 ABA 对孩子进行互动训练时，父母和子女之间首先要形成和睦关系。

具体来说就是，孩子很喜欢父母，和父母在一起感觉很安心；同时，父母也爱孩子。另外，父母和孩子之间和睦关系的建立，也会提高孩子的自尊心。

对于患有发育迟缓或者因为很多问题行为而难以教养的孩子，父母往往因受到他们行为的影响，会对他们直接下达指示或进行责骂。因此，孩子可能出现逆反心理，或因听不到指示而反应迟钝。这时，父母也无法真正享受与孩子在一起的快乐时光。

这种情况，建议从"身体接触"游戏开始互动。详情请参照第四章。

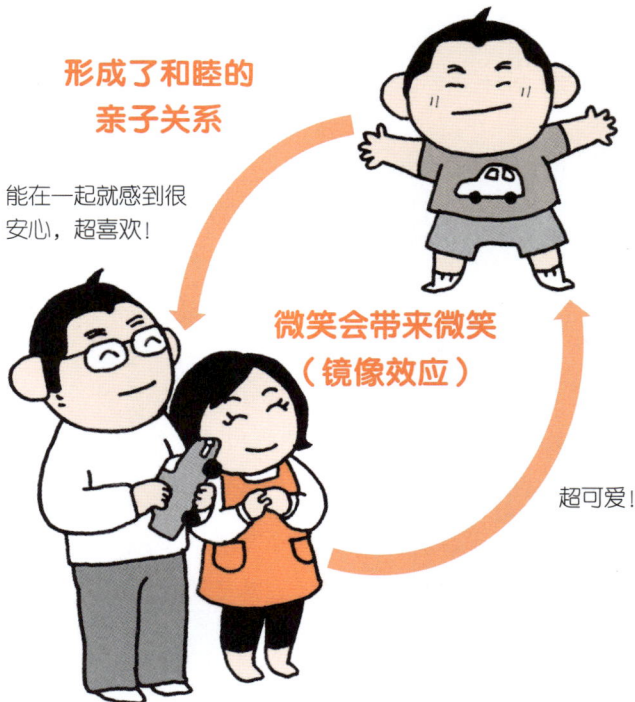

形成了和睦的亲子关系

能在一起就感到很安心，超喜欢！

微笑会带来微笑（镜像效应）

超可爱！

父母觉得孩子很可爱，孩子很喜爱父母，双方在一起都感到很安心。亲子之间建立这种关系是实践 ABA 的第一步。

笑容与身体接触，是亲子关系的润滑剂

父母看起来很开心的话，孩子也会变得快乐，笑容会相互感染，好的关系也会建立（镜像效应）。孩子也能更好地听从指示。

记得当时还在自学 ABA 的我，对很难完成任务的儿子空感到烦躁，甚至觉得不喜欢空了。我们俩都被搞得精神崩溃，常有走投无路的感觉。

然而有一天，我带着空回老家省亲，一个擅长和孩子玩耍的伯父来我家做客，没过多久他便和空打成了一片。我愣愣地望着他们，看到空竟然笑了。这让我很愕然。

当时我对伯父说："说起来我已经好久没看到空的笑容了……"

就在那时，我再次意识到了与孩子之间建立良好关系的重要性。空因为这种美好的关系脸上露出的笑容一直感染着我。

其实之前我也会对着儿子说"我们一起玩吧"，但因为得不到他的任何回应，我感觉一切都是徒劳的。我心想"这孩子可能不想和我玩吧"，随即便放弃了与空玩耍的尝试。

但是像伯父这样擅长与孩子玩耍的人，即使孩子的反应很糟糕也不会动摇初心，仍然会很开心地"坚持"和孩子互动。

所以，我发现重要的是大人要先带头玩并乐在其中。如果能够这样做，即使孩子一开始不感兴趣，也会逐渐地参与进来。

和孩子接触的时候，不能欠缺的就是笑容和身体接触。笑容能帮助心情放松。通常对他人不感兴趣的孤独症儿童，也经常会对让他们发笑的事情做出回应。另外，身体接触能给孩子带来安全感。

空在学习的时候，只要是回答问题答错了就会生气，有时还会敲打自己的头。在这种情况下，我会按住他要打头的手，并教给他："你可以说'啊，我犯错了'。"然后我会亲亲他的头，说"是妈妈没有给你足够的'mua'（亲亲）"，并以有趣又好笑的方式为他朗读一遍问题。看着这样做的我，空终于笑了，我的急躁情绪也消失了。随着我们的笑容越来越多，空的自伤行为也越来越少，直至后来消失了。

我真心觉得笑容和身体接触是建立良好亲子关系的润滑剂。

父母的斥责激励法会让孩子变得胆怯

ABA 的理念之一是为了实现最终目标，可以将任务进行细分。根据孩子的具体情况，把一个大的目标任务分解成一个个的小目标去完成，逐步提高孩子完成目标的水平。任务越容易完成，孩子被表扬的次数就越多，孩子也就会越自信。

有一次，我和我的一位朋友带着她的女儿花子去公园玩，发生了这样一件事：当时花子虽然站上了平衡木，但是害怕得一步也动不了。在这种时候，如果你是花子的父母，你会怎么处理呢？

就像右边插图中的一样，父母常常因为对孩子抱有期待而容易采取斥责激励法。当这种方法不管用时，父母就会烦躁，孩子会因为父母的烦躁而更加胆怯。对结果感到失望的父母有时会对孩子说"真是没出息！""果然做不到啊！"。这会让孩子产生"我确实是个没用的人"的想法和自我否定的心态，磨灭了孩子想挑战新事物的积极性。

完成一个个小目标，累计成功的体验

让孩子建立自信、激发干劲的诀窍是，设定一个个的小目标，循序渐进，从而帮助孩子达成最终目标。

将目标拆分，孩子完成一个目标就要及时表扬他

后来，我试着将任务拆分成一个个小目标来帮助花子完成，就如同右边插画这样。

花子站在平衡木的一端。首先，我把手放到花子面前约一步距离的位置，并对花子说："能走到这里来吗？走到这里就可以了哟！"原来的目标是走到平衡木的另一端，但现在目标距离变短了，看起来更容易完成，花子的心态也发生了变化，或许她心想"也许我能做到"。结果，花子真的向前迈出了第一步。

此时重要的是，即使孩子只是向前迈出了一小步也要立即表扬她，强化孩子的行为，对孩子说"太棒了！"。可惜的是，很多父母直到孩子将整件事完成（达到最终目标）才会表扬孩子。

花子完成第一步后，我把手放到再向前一步的位置，对她说："再向前迈出一步可以吗？"随后，逐渐增加每一步的距离，只要花子完成就给予称赞。经过这一步步的积累，花子会完成最终目标——走到平衡木的另一端。但是，如果你的孩子中途说"不"，请不要强迫他，因为他已经实现了最初的目标——敢于向前迈步，请尊重孩子的意愿，对他说："这就可以了。"为了帮助孩子获得成就感，请别忘了称赞孩子："你做到了，你已经向前迈出了一步哟！"

那么，能走到这里吗？

做到了，好厉害！

下一步我们能走到这里吗？

你做到了！很棒哟！

要点 ❸

有效地使用称赞

在孩子做出恰当的行为之后立刻给予称赞

孩子做到之前做不到的事情或者完成某个任务的时候，无论多么微不足道，也请立即微笑着称赞他。如同前面提到的，表扬可以强化并帮助孩子重复好的行为。

即使看不到任何结果，也一定要赞扬孩子的努力，比如说"你很努力了""你做得很好"。这种赞美的语言可以鼓励孩子，强化他的好行为，并帮助他实现目标。

父母在日常生活中应该何时称赞孩子以及称赞孩子的具体方法，请参阅第三章。

在 ABA 中，行为发生后给予的奖励称为"强化物"。笑容和称赞也是强化物。

有一些诀窍可以让这些强化物有效地发挥作用，例如，在行为发生后立刻给予称赞。为了能让孩子明白为何被称赞，请在孩子做出适当的行为之后立刻称赞他。

奖励（强化物）与强化

强化物

父母的笑容和称赞

强化

做得很好啊！ 了不起！ 了不起！

建立良好行为模式

父母的笑容和称赞，对孩子来说是最棒的奖励。在孩子努力的时候，请不要吝啬，慷慨地称赞孩子吧！

用零食作为奖励时，要发挥创意

一些发育迟缓儿童不明白对方正在称赞自己，所以没有回应。如果是这样，请尝试给予他们零食或玩具作为强化物。

父母在践行 ABA 时使用零食作为强化物来提高孩子的学习效果，可能被批评为"就像对待动物一样"。然而，要引起毫无反应的孩子的兴趣，用零食作为一种奖励易于孩子理解且有效。如果想激发孩子的动力，应该想办法好好利用强化物。

许多成年人也会把下班后喝的啤酒作为强化物。

即使有了零食作为奖励，给予口头称赞以强化良好行为也非常重要。请你逐渐减少给予零食的次数，最终尝试仅用口头称赞来激励孩子。

期待结束后可以吃零食，正在努力做作业的孩子。

强化物

期待下班后可以喝一杯，正在努力工作的爸爸。

强化物

平岩博士的贴心建议

和孩子击掌，来带动孩子的情绪吧！

建议不善于表扬孩子的父母，多多与孩子击掌。当孩子完成了某个任务时，父母与孩子活力满满地击掌，同时对他说："你做到了！"

这个动作伴随着身体的运动和声音，能带来美妙的感官刺激，为父母和孩子互动创造了良好的氛围。

啪！

太棒了！

如果孩子在没有辅助的情况下一直失败

对于无法完成的任务请给予辅助

如果强迫孩子做他做不到的事，他只会因为失败而变得沮丧。当我们很好地为孩子提供帮助时，孩子的学习会更有效。

父母需要帮助孩子完成他不擅长或难以完成的任务。在 ABA 中，这种类型的帮助称为辅助。有效的辅助可以帮助孩子顺利完成任务。

正如我在前面介绍的，我的儿子空在幼儿园中班的时候，根本不会跳舞，但是老师会从他身后牵着他的手并辅助他做动作，他就可以和其他孩子一起跳舞了。

如果你想辅助孩子一个行为，从他的身后进行全肢体辅助是基本的操作。在辅助之前，为孩子做示范也很重要。

除了肢体辅助，手势辅助和语言辅助也是常用的辅助方法。

比如，如果孩子仍然难以理解物品的名称，可以利用零食时间来教孩子。例如，当桌子上有香蕉和苹果时，你可以对孩子说："请给我一个苹果。"右边的插图中，妈妈没有给孩子辅助，于是孩子弄错了水果。

在手势辅助下，引导出正确回应

前一页插图中的妈妈，因为她的愤怒导致孩子过于紧张无法思考。然而，在右边的插图中，妈妈对孩子说着"请给我苹果"，并在恰当的时机指着苹果教孩子（这就是手势辅助）。

对于发育迟缓儿童，重要的是使用辅助来减少错误的学习（零错误教学法），并且不削弱他们的学习动机。

当他们根据辅助获得正确答案时，不要忘记表扬他们。然而，辅助只是帮助孩子的一种手段。请不要过于依赖这些辅助。尝试逐渐减少辅助，最终可以在撤销辅助的情况下孩子也能给出正确答案。

我曾经有过过度使用辅助的经历。有一天，我的妹妹来到我们家，问空："今天幼儿园发生了什么事呀？"那天是运动会的休息日（因开运动会而补休的日子）。我认为空不可能说明白这件事，于是我在他耳边低声说道："昨天是运动会，所以今天放假。"我儿子就像鹦鹉学舌一样重复了我的话。这样聊了一会儿后，妹妹对我说："姐姐，请不要和空耳语了！"这让我吃了一惊。

我和孩子都变得如此依赖辅助，以至于我几乎是下意识地就对他使用了语言辅助。实际上语言辅助容易阻碍孩子进行独立思考，所以使用起来还是要谨慎。

＊带颜色的会话框代表语言辅助

要点 ⑤

建立规则意识

你是否屈服于孩子的反抗并对孩子言听计从呢？父母需要夺回主动权，有时需要拿出严格的态度让孩子遵守指令。

你顺从了你的孩子吗？

父母有时候会因为孩子的强烈抵抗而感到内疚，有时候会对叛逆的孩子感到厌倦，最终屈服……

如果总是这样处理，孩子就会认为只要继续反抗，他们的需求就会得到满足，不需要再听父母的指令了。

所以，父母有时需要主动出击，严格、坚决地让孩子听从指令。在 ABA 中，"建立规则意识"代表着让孩子听从父母（或干预治疗师）的指令。

通过微笑互动可以帮助孩子建立规则意识。例如，妈妈说："洗完手，才可以吃点心。"孩子说："我讨厌洗手！"（哭着拒绝）妈妈说："洗手是很令人讨厌，但也要洗手哟。"如果你对孩子有这样的共情，愉快地与孩子一起洗手，孩子就容易建立起规则意识。

此外，孩子不会从因为父母的暴力或情绪化的大喊大叫建立起的规则意识中受益。当孩子玩耍时，除非孩子做了危险的事情或给他人带来了麻烦，否则请多尊重孩子的意愿，让他拥有自主权。

建立规则意识——莎莉文老师和海伦·凯勒的故事

海伦·凯勒和莎莉文老师之间美好的故事，说明了在儿童干预训练中建立规则意识有多么重要。

海伦·凯勒 1 岁零 7 个月时，因不明原因的高烧失去了听力和视力，早期她也无法用语言与外界沟通。但她还是克服了重重困难，成年后，她走遍世界各地，致力于残疾人的教育和福利事业。

安妮·莎莉文（莎莉文老师）从海伦 7 岁起就担任她的家庭教师。可以说，莎莉文老师为海伦日后克服障碍、活跃于社会起到了举足轻重的作用。

当莎莉文老师来到凯勒家当家庭教师时，海伦被周围的人视为负担而避之不及。没有人照顾的她，用手吃饭，不理解语言，靠本能维持着生活。家人不知道如何对待患有严重残疾的海伦，对此感到愧疚，也无法让她建立规则意识。

尽管发生了激烈的冲突，但莎莉文老师始终贯彻由自己掌握主导权的原则，并且相信海伦的潜力，坚持不懈对海伦进行干预训练，最终创造了奇迹。莎莉文老师对海伦的教导让我们明白了坚持不懈、永不放弃的重要性。

莎莉文老师利用海伦的触觉，拉着她的手，耐心地教海伦如何写字，同时还训练她用勺子和餐巾正确用餐。

起初，海伦并不接受莎莉文老师的做法，而且海伦的父亲也极力反对莎莉文老师的教育理念，但莎莉文老师并没有改变态度。她坚决贯彻由自己掌握主导权的原则，并帮助海伦建立了明确的规则意识。如果此时莎莉文老师向海伦（及其父母）屈服，海伦可能永远都学不会说话，也永远只能用手抓取食物吃了。

不断重复，巩固记忆和行为

为了巩固记忆和行为，不断重复是很重要的。让我们找到可以寓教于乐并可以反复践行的学习方法吧。

反复练习很重要

在记忆语言方面，典型发育儿童（发育里程碑遵循一般标准的儿童）自然而然就能学会，不需要特殊的努力，但很多发育迟缓（包括孤独症）的孩子往往要背上几十遍才能记住。

因此，要巩固孩子的记忆和行为，需要反复练习。

为了提高记忆力，学习新内容到复习所学内容（重新记忆）间隔的时间越短，效果越好。根据德国心理学家艾宾浩斯的遗忘曲线，我们知道学习后 1 小时会记得学习内容的 44%，24 小时后降低至 26%。对于特殊儿童来说，这个数字会降至更低。

寻找在反复学习的同时获得乐趣的方法

换句话说，巩固记忆的有效方法就是尽可能在短时间内重复。

例如，你在清早用字母卡片教给孩子"a"的读法，那么请在白天和晚上也反复给孩子看这张卡片，以帮助孩子巩固记忆。

你还可以在家里的每个房间都贴一张卡片"a"，和孩子玩寻找卡片"a"的游戏。这应该会很有趣。将卡片贴在冰箱门或厕所的墙上也是一个好主意。运用这个方法，孩子可以轻松地享受学习。

父母应该充当教练的角色，努力鼓励孩子一遍又一遍地学习。

重复不仅在记忆语言时是必要的，在巩固学到的动作时也是如此。不要因为孩子成功了一次就满足，要在短时间内不断地重复，这样才能确保孩子可以牢牢记住所学的内容。

💬 **平岩博士的贴心建议**

即使看不到结果也不要轻易放弃。

典型发育儿童可以循序渐进地掌握事物的含义，只要耐心地教就能看到进步。

相比之下，特殊儿童比如孤独症儿童会突然做到之前无论做多少次都做不到的动作，或者会突然记起之前教了多少遍都记不住的词。

如果一整天都在反复学习……

*动画电影《泰山》中的主人公，是一个由猩猩养大的男人。

一天结束时请称赞孩子，给他留下美好回忆

要点 **7**

结束一天的活动一定要以体验到成功来

在一天活动结束时，如果孩子只有被责骂的痛苦记忆，就会失去学习的动力。

所以，结束一天的活动时，我们要争取让孩子拥有被赞扬的幸福回忆。

你是否曾经因为孩子做不到某件事情而一遍又一遍地责备他？最后你和孩子都累了，心想："唉，今天是做不到了。算了，算了！"然后就停止了和孩子的互动。

这对孩子来说是非常遗憾的事情。即使第二天你试图让孩子做同样的事情，孩子也会因为前一天被训斥的痛苦记忆，变得灰心丧气，没有干劲。最坏的情况是破坏了父母与孩子之间的信任关系。

即使受到过你的赞扬，但被责骂的负面记忆往往更容易留在孩子心中。

所以，在一天活动的最后，请一定要赞扬孩子，给孩子留下快乐的回忆。

✗ 难道要以责备孩子来结束一天吗？

让我们以右边的插图为例，来说明如何在任务结束时赞扬孩子——让孩子以能做到的事情来结束一天的任务。比如，当你认为今天孩子搭不成 3 层积木时，就对他说："那么，让我们最后再试一试搭 2 层积木好吗？"一旦孩子做到了，请一定赞扬他："太棒了！你今天做得很好了！"

孩子屡屡失败，往往是因为教授者的教学方式有问题。比如，有时没有遵循将任务细分的原则（第 8 页），或者给予的辅助不够（第 12 页）……所以，在指责孩子之前，请冷静地反思一下是否是自己的教学方法有问题。

尤其当我们面对自己的孩子时，常常抱有很强的成功的欲望——"太想让他做到了！"，以至于当事情不按我们的意愿发展时，我们会责怪孩子："为什么连这种事情都做不到？"这是不必要的。

你是否对其他孩子很宽容，但对自己的孩子要求却很高？是否只要孩子完成不了你要求的任务，你就无法抑制自己的愤怒？很多父母一旦遇到孩子完不成任务的情况，脸上的笑容就会消失，也会忘记赞扬孩子。

我们来试着换位思考一下。如果有一天你因为做不到某件事而被骂了好几次，你的感受如何？你应该很难保持自尊吧？

这就是为什么一天活动结束时让孩子有成就感并留下快乐的回忆很重要。这种积极的感觉会让孩子更有动力挑战新事物。

设置任务，记录下来

为了设定目标并事后回顾，请设定短期内需要重点关注的任务，并记录每日的干预训练内容。

在短时间内完成目标并巩固行为

每天清晨把当天需要做的事情列成清单，可以更有效率地行动，这在我们运用 ABA 与孩子进行互动时尤为重要。我们应该根据定好的任务思考如何行动，而不是随心所欲。

让我们列出想要集中解决的任务，以 1 个周或 1 个月为单位。下面的示例可以作为参考，将任务清单张贴在显眼的地方，例如冰箱门或洗手间墙壁上。如果你有使用笔记本的习惯，也可以记在笔记本上。

本月任务

- 练习眼神交流（对视）
- 练习指认
- 边唱歌边做手指操
- 每天读两本绘本
- 让孩子帮忙提供餐点
- 每天赞扬孩子 30 次

这样一来，要完成的任务和目标就更加明确，父母的积极性会增加，心理稳定性也会提高。通过列清单，你和孩子互动会更游刃有余。

你一旦列出了任务清单，就要尝试尽可能集中完成它们。

举个例子，下雨天看到孩子折叠雨伞有困难，就可以设置一个"练习叠伞"的任务。与其等到下次下雨需要打伞的时候才练习，不如在这次下雨的当天或第二天就集中精力练习，哪怕每次练习的时间很短。短时间内的重复可以巩固记忆和行为。

每日记录会为干预训练提供动力和提示

"原来一年前他连这种事情都做不到啊！相比之下，现在通过记录孩子的训练情况，可以回顾之前的情况并看到他现在的进步。"总之，使用你擅长的形式持续记录下去很重要。

此外，你可以用任何形式来记录孩子完成任务的进度以及当天的情况。

尽管你可能很难注意到孩子每天的变化，但可以感受到孩子与一年前相比有哪些显著的提高，这可以激励你继续努力。甚至当你陷入困境时，回顾过去的记录能帮助你了解现在需要做什么以及对孩子的指导要点。

不擅长写文字的父母可以改用以插图或照片为主的形式记录，也可以使用电脑记录。最好用你擅长的记录方式并享受记录的过程。

平岩博士的贴心建议

不要与其他孩子进行比较！
比较孩子自己的过去和现在，赞美他的成长。

很多父母总是喜欢把自己的孩子和周围的孩子进行比较，并且会因此感到不安。"小明君已经可以做这件事了，咱孩子现在完全不行。"或者，"在幼儿园里只有我的孩子不会自己上厕所，怎么办啊？"

如果只是这样横向比较，你的担忧就会越来越多，养育孩子的热情也会越来越少。

所以，我建议父母做纵向比较。与一个月前或一年前相比，你是不是能发现孩子确实掌握了更多的技能？当然你与孩子的互动功不可没。请始终尝试纵向比较，不要因为横向比较而时喜时忧。有这类困扰的父母，每日记录孩子的变化、进步和成长也很有用。

相信孩子的潜力，不断努力

当我们受伤或生病导致身体行动不便时，如果被告知只要进行康复训练就会好起来，即使过程很痛苦，我们大多数人也不会放弃而是会积极进行训练吧。

对于发育迟缓儿童来说也是如此。如果 ABA 有可能改善孩子因残障造成的日常生活能力低下，那么就值得父母尝试。接受孩子"能力落后"的现状并积极训练，激发孩子的潜力，这是最重要的。

如同前面海伦·凯勒的例子，莎莉文老师让不可能的事情成为可能。相信孩子的潜力并继续努力吧！认为"他做不到"而不去努力的话，只会限制孩子的潜力发挥。

在一部电视剧中有一段让我非常感动的台词："对于认为自己做不到而放弃的人，绝对不会有奇迹发生。轻言放弃的话，等于一开始就失败了。'奇迹'属于那些努力的人。"

有些孩子因 ABA 取得了很大的进步，有些孩子则没有。在实践之前，我们不知道 ABA 对自己的孩子是否有效。

但是可以肯定的是，如果持续训练不放弃，想着"总有一天会成功"，那么即使一开始的效果很微弱，慢慢地也能看到孩子能力的显著提高。

第二章

通过 ABC 分析法来减少
对孩子的烦躁情绪

什么是 ABC 分析法？

客观地分析并处理孩子的问题行为

觉得养育孩子有困难的父母，因为满眼净是孩子的问题行为，往往会更频繁地训斥孩子。请你好好回忆一下，是不是整天都在训斥孩子呢？

经常被训斥的孩子自尊心低下，会导致发脾气和叛逆等问题行为的产生。这时，父母很难获得养育孩子的成就感，亲子关系也很紧张。

为了打破这种困境，ABA 建议首先客观地看待孩子的行为，然后考虑适当的处理方法。为此，行为心理学中的一种方法即 ABC 分析法经常被使用。

当孩子要求"买点心"时，父母拒绝并说："今天不买。"

ABC 分析法将一个行为的发生分为 3 个阶段：前事事件（前提）（Antecedent）→行为（Behavior）→后（结）果（Consequence）。我们追溯该行为发生的情境，思考如何才能处理该行为或将其改善为更好的行为。通过客观地分析孩子的行为，父母因为孩子行为而愤怒的情况减少，训斥孩子的次数减少，父母的压力减轻。

例如，我们在超市的点心柜台前经常会看到这样的画面：孩子边哭着边要买点心，于是父母为了安抚孩子就给孩子买了点心。用 ABC 分析法描绘出的是图中这样的情景。

孩子的行为分成 3 个阶段

B 行为

哎呀，别这样！

哇！

就要买、就要买！

C 后果

行了！给你买了。

太好了！

饼干

因为要求没有得到满足，孩子在地上边打滚边哭泣。

父母无奈之下给孩子买了点心，孩子停止哭泣。

　　首先，前事事件（A）是孩子请求"买点心！"但父母不买。为此孩子下一步的行为（B）是在地上一边打滚一边哭。后果（C）是买到了点心，孩子停止了哭泣。

　　这种情况是，孩子通过在地上边打滚边哭泣的方式得到了点心（达成了一定的目的），所以也强化了"只要哭就能得到想要的东西"的认知。也就是说，父母给孩子买点心这个事情强化了孩子的问题行为（B）。而且，在这件事情中也能看出孩子对父母拥有完全的主导权。

　　为了能从孩子手中夺回主导权，改变在孩子地上打滚哭闹的行为，怎么处理才好呢？从下一页开始，让我们利用 ABC 分析法来思考具体的解决方案吧！

用 ABC 分析法来处理问题行为 ①

首先，从不屈服于孩子的处理方法开始。在这种情况下，重要的是父母坚持贯彻自己的原则。

贯彻不顺从孩子的原则

为了消除孩子在点心柜台边撒泼打滚的问题行为，父母能做的第一件事就是不要屈服于孩子的行为——不要给他买点心。本页插图及下页插图是对这一系列动作的 ABC 分析。

图中孩子明白了即使哭泣也不会得到点心。最重要的是"父母坚持自己的原则"。

但是在第 24 ~ 25 页的案例中，孩子有通过哭泣获得点心的经历，所以当孩子的请求没有得到满足时，他会想："真奇怪啊！爸爸还不买点心是因为我哭得还不够吗？"所以，绝大多数孩子在这个时候会哭得更加激烈。

A 前提

买点心！

不行！今天不买。家里还有很多点心呢！

当孩子要求"买点心"时，父母拒绝并说："今天不买。"

在这时，如果父母过于在意超市里其他人的目光，屈服于孩子的行为而买了点心，那么就违背了之前的原则，前功尽弃。

孩子会知道即使刚开始被拒绝，只要哭得更激烈，请求还是会得到满足。所以，下次孩子的哭闹从一开始就会很激烈。

也就是说，当父母违背原则给孩子买点心时，就强化了孩子满地打滚哭泣的问题行为。

用改变 C（后果）的方式来处理

B 行为

哎呀，别这样！

要买要买！

哇！

C 后果

今天不买点心。

再怎么哭也不行。

因为要求没有得到满足，孩子在地上边打滚边哭泣。

不给孩子买点心他就哭得更厉害，但父母不能违背原则。

如果父母坚持原则，孩子放弃买点心并停止哭泣时，请微笑着赞扬孩子，并对他说："你做得很好。"父母的微笑和赞扬会强化孩子停止哭泣和保持耐心的行为。通过重复赞扬孩子不哭泣的行为，孩子可以学会从一开始就不哭。

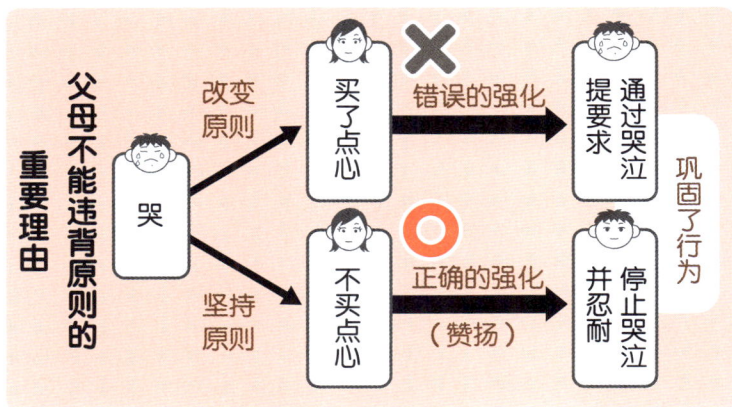

父母不能违背原则的重要理由

哭 → 改变原则 → 买了点心 → ✕ 错误的强化 → 通过哭泣提要求 → 巩固了行为

哭 → 坚持原则 → 不买点心 → ⭕ 正确的强化（赞扬）→ 停止哭泣并忍耐 → 巩固了行为

用 ABC 分析法来处理问题行为 ❷

对于应对孩子的问题行为，也有在行为发生之前处理的方法。『提前告知』就是方法之一，可以应用于很多场景。

第 26 ~ 27 页的例子展示了如何通过改变结果（C）来处理孩子的问题行为。接下来要介绍的是如何从发生问题行为之前的前事事件（A）入手来改变问题行为。这在很多场合下都很有用。

具体来说，如右图（A）所示，在进入超市之前，你可以提前告诉孩子："今天不买点心。你如果哭就离开超市。"关键一定要问孩子"明白了吗？"，并要求孩子确认。在下一页的插图中，"哭就

A 前提

今天不买点心。哭的话就出去，明白了吗？

嗯。

大促销

进入超市之前父母对孩子做提前告知："今天不买点心。"

出去"的提前告知发挥了作用，使孩子能够忍耐住并在点心柜台前不哭闹。此时，父母应该如 C-1 所示微笑并赞扬孩子，说："你很有耐心，很棒！"赞扬起到强化物的作用，强化了孩子忍耐不哭的行为。

然而，提前告知并不总是奏效。特别是当孩子知道了"哭泣就会得到满足"时，他很有可能忽略你的提前告知。

那么，对于 B-2 的情况，当孩子在点心柜台前忽略提前告知并打滚哭泣时，你该怎么办呢？

提前告知有效的情况下

孩子因为没有哭而被称赞

提前告知无效的情况下

按照约定将孩子带到外面

就像 C-2 一样，对孩子说"我们约定好的，哭了就要出去"，然后与孩子一起离开超市。等到孩子平静下来停止哭泣时，表扬他说："太好了，你很有耐心！"

"提前告知""哭了就出去"——通过不断重复这样的处理方式，让孩子知道"哭也行不通，哭也没有用"，之后孩子哭泣的次数就会减少。

然而，想要把哭泣的孩子带出超市可能遭到孩子激烈的反抗，而且很多父母会顾及周围人的目光，无法应对这突然发生的状况。有的父母会想："不买点心的话，可以用随身携带的糖果讨好孩子并继续购物吗？"答案是否定的。如果孩子看到"父母只说不做"，问题行为就会更难改变。在这里保持一贯的处理方式非常重要。

"如果你在餐厅里吵闹，就出去。""如果你打了你的小伙伴，就直接回家。"这样的提前告知可以在多种情况下使用，所以不妨一试。

是不是忘记说「谢谢」了呢？

在一段时间里，我经常把两个儿子托付给他们的外祖父母照顾。我的母亲对她的外孙们非常宠爱。尤其是我的小儿子苍，他在我母亲面前非常任性。即使他得到了家人给予的零食或玩具，也不会说"谢谢"。

有一天，苍和我在一起，邻居阿姨送给他一些点心。和往常一样，苍什么话也没有说，理所当然地把点心放进了自己的口袋里。

我看到他的态度很担心，不想他养成这种习惯。

从那以后，我教导两个儿子对他人表达"谢谢"的重要性。即使对方给的东西微不足道，也要说"谢谢"。我也跟我的母亲说明了缘由，嘱咐她在他们不说谢谢的时候，请不要给他们任何东西。

父母是孩子的榜样，然而，我发现我和我的丈夫有时也会忘了说"谢谢"。有一次在吃晚饭的时候，我想让我的丈夫也能注意到说"谢谢"，所以有了以下对话：

丈夫："再给我一碗米饭吧。"

我："好的。"（将盛好米饭的碗递给丈夫）

丈夫："……"（看着电视不吭声）

我："……"（丈夫没有说谢谢，所以我没有把碗递过去）

丈夫（看着我恍然大悟）："嗯？啊……谢谢……"

我（这时才把碗递过来）："不客气。"

随后，我们讨论了如何在日常生活中主动去说"谢谢""早上好""我先走了"等问候语。

孩子是父母的"镜子"。重要的是，父母必须先付诸行动，做好孩子的榜样。

第二章

变得擅长称赞

你是否一开口就只有命令和牢骚?

你是否错过了难得的称赞孩子的机会?

虽然知道称赞孩子的重要性,但是实践起来还是很困难。这里的诀窍是『平日里要经常称赞孩子』。

正如之前反复提到的,父母利用 ABA 与孩子进行互动时,赞扬是非常重要的。但是,有的父母也会说:"就算让我称赞孩子,也不知道该称赞什么和该如何称赞。"

事实上,你总在等待一些特别的时机称赞孩子,例如他学到了新的技巧时,但这样的时机并不是很多。

实际上,只要孩子有积极的、好的表现,我们就要及时称赞他——这就是不错过称赞时机的诀窍。

例如,在饭桌前,父母发现孩子驼着背吃饭。不善于称赞孩子的父母往往会说:"吃饭的时候要坐直!"听了父母的话,孩子立马把背直了起来。

这时,父母应该立即称赞孩子:"嗯,把背直起来了,很好!"反之,如果父母总觉得孩子"坐直吃饭很正常"或"肯定马上又驼背了",就不会在孩子纠正了坐姿后及时称赞孩子。

错过了称赞的机会，只剩下唠叨

几分钟后，父母发现孩子又驼背了，就责怪孩子："看，你又驼背了！"孩子一听，又直起身来，但父母还是不表扬他。又过了几分钟！"姿势端正起来！我要说几遍你才能明白？"父母的语气逐渐严厉。这样的话，孩子就会因为害怕父母训斥而缺乏自信，或者因为反感父母的训斥而开始叛逆。

像前一页的插图那样，父母一开口就是唠叨和责备，会导致错过大多数称赞孩子的机会——那应该如何做呢？作为父母的你是不是已经有头绪了呢？

从下一页开始，让我们想想在日常生活中可以如何称赞孩子吧！

坐姿不好。把背直起来！

坐姿有所改善，但是……

几分钟后……

你看，你的坐姿又不好了。我要说多少次你才能明白？

我坐姿明明很好了，妈妈也不表扬我。

妈妈总是生气！

📋 **一些建议**

批评 1 次的话，要努力称赞 3 次！

虽然称赞孩子很重要，但如果孩子总是撒娇、缺乏干劲，也需要严厉的批评。当然，如果孩子被批评后表现得当，不要忘记称赞他。如果父母总是批评孩子，很少称赞孩子，请尝试逐渐增加称赞孩子的次数。理想情况是，批评 1 次，称赞 3 次。

不要放过任何一个称赞孩子的机会

一旦孩子能够将父母的指示付诸行动，请立即称赞他。如果孩子好的行为持续存在，请重复称赞孩子。同一种行为可以称赞两次以上。

尝试为一个好行为多次称赞孩子

如果你是前一页例子中的家长，应该说些什么避免错过称赞孩子的机会呢？

你可以先说："把背直起来！"当你的孩子把背直起来时立即称赞他："对，这样做很棒哟！"

当孩子受到称赞时，他直起背的行为就会得到强化，而且会努力保持下去。因此，在给予称赞之后，你也要继续关注孩子的行为。如果他将好的坐姿维持30秒左右，请进一步称赞他："坐姿很好啊，你很努力。"

保持良好的坐姿是你的孩子努力做到的事情，因此要称赞他、认可他的努力。

💬 平岩博士的贴心建议

各种强化称赞效果的动作：

拍拍孩子的头、微笑、点头、击掌或拥抱，这些动作都可以传达称赞的意思。如果你在称赞孩子的同时做以上这些动作，效果会更好。这些动作也推荐用于亲子间加深身体接触和交流的时候。

把背直起来。

嗯，很好呀！这样很好！

坐姿很好啊，你很努力！

又被表扬了，要继续加油！

三十秒后……

不愧是你，坐姿真棒而且你也很帅气！

几分钟后……

可以用于各种场合的称赞语言

● 赞扬取得的成就——目的是强化已产生的行为并使其坚持下去。

你可以一边鼓掌一边对孩子说："你能够做到这一点真是太酷了！""天才！""太厉害了！""现在很棒了！""你表现得很好！""不愧已经5岁了。""不愧已经小学二年级了，果真不一样。"

● 赞扬努力的过程——目的是提高孩子的动力。

"很努力了！""已经很好了！""继续干吧。""没关系，你能行。""感觉你很快就能成功。""这很难，但你已经尽力了。""已经比以前做得好多了。""就算现在做不到，以后也一定能做到的。""不错的挑战！"

● 承认孩子的存在和付出——目的是提高孩子的自尊心。

"我爱你，宝贝！""真有趣！""你的笑容真可爱。""真的是吃得津津有味呢！""真是帮了妈妈的大忙。""妈妈好欣慰，谢谢你！""感谢你的到来，宝贝。""和你在一起很开心。"

如果一段时间后孩子仍然保持良好坐姿，请再次称赞他："不愧是你，坐姿真棒而且你也很帅气！"

通过这种方法，你可以多次称赞孩子的好行为。例如，当你发出命令并且孩子采取行动时，或者当孩子保持良好的行为时（正常状态）。

如果孩子在吃饭时姿势不端正，请说一些话来帮助他思考该如何改正。例如，"吃饭的坐姿正确吗？"或"吃饭时的坐姿是什么样的？"如果孩子的坐姿改善了，请记得及时称赞他。

小心那些可能破坏称赞效果的语言

即使你原本是想称赞孩子，但因为又多说了一些话，反而破坏了称赞的效果。

帮我收拾好了呀！果然是能做到的啊！

下次不用我说，要自觉去收拾。

当你的孩子能够做一些他之前做不到的事情时，可以通过说"太棒了"或"好厉害"之类的话来表扬他，但请不要再加上多余的话了，否则可能导致称赞的效果被破坏。

你会不会不经意地说"想做就做得到呀"这样的话呢？虽然父母想要表扬孩子，但老说一些"丧气话"，比如"是不是之前没有好好做？"这些话会让孩子认为父母没有看到他的努力。

父母还需要注意的是，不要说一些可能被孩子理解为讽刺的话。例如，父母先说"你把这个地方整理干净了，真不错！"，又接着说"但下次，你应该自觉去整理"，或者补充道"而且我希望你一直能这样做"。你所说的这些话打消了孩子的积极性，他下次就没有动力再整理了。

不要在赞扬孩子后再与他人比较

在孩子好不容易把他讨厌的青椒吃完后你赞扬他"太棒了！"，这是对的。但是，如果你又说"××还会吃胡萝卜，希望你下次也能吃胡萝卜"，那你对孩子赞扬的效果就会大大减弱。

父母往往会忍不住说这样的话，就好像孩子现在的努力还不够。比起被表扬，不被父母认可对孩子的冲击更大，愈发会让孩子丢失自信和干劲。

虽然你为孩子的努力感到高兴，但在夸奖孩子之后请不要立刻把他和别的孩子作比较，也不要马上给孩子安排下一个任务。同时，你也要避免像前一页的妈妈一样说那些类似讽刺的话，否则会带来负面的效果。

虽然夸奖孩子吃掉了青椒，但是……

啊，你吃青椒了？好棒，好棒！

他很厉害呢！

但是你的朋友葵还可以吃胡萝卜了哟！

明明已经努力吃青椒了……

……

⚠ **请注意这里**

会把难得的赞扬效果毁掉的语言：

● **与他人比较**
"×× 小朋友也会做 ××。"

● **立刻布置下一个任务**
"下次的目标是需要做到 ×× 哟！"

● **赞之后，又说令孩子不快的话**
"你收拾得很好，希望能够一直保持。"
"你很努力，但以你的能力没什么大不了。"

给孩子大量称赞的诀窍：目标是每天称赞 30 次以上

我想介绍一下"称赞初期计划"，推荐给那些刚刚开始使用 ABA 并且不习惯称赞孩子的父母。

在日常生活中当孩子完成任务时给他一些辅助，并经常称赞孩子。给自己设定一个目标——每天称赞孩子至少 30 次吧！

即使孩子没有反应，父母也可以坚持利用这种方法。例如，你和孩子一起上电梯时，你可以对孩子说"按一下按钮"，随后拿着孩子的手辅助他按下按钮，然后立马称赞孩子："按下了！做得很好！"再如，要出门时，对孩子说"打开门"，并用手势辅助。门被孩子打开的瞬间微笑着对孩子说："门开了！"父母用语言表达对孩子行为的肯定，也是一种称赞。

当你们一起散步时，你可以先对孩子做出指示："我们先走到 ××。"走了几步后，称赞孩子："你走得很好。"继续走了一段时间后，对孩子说："对，就是这样！"再走几分钟后，重复称赞"你走得真帅啊！"在孩子努力的过程中，我们要不断地称赞孩子。称赞时请表现得像个喜剧演员一样兴奋，即使周围的人觉得你有点儿可笑也不要在意，请微笑着称赞孩子吧！

因为有父母不断给予的赞扬和肯定，所以孩子会做得更好。之前总是面无表情的孩子，在这个计划实施之后会对称赞他的父母表现出依恋，表情也会逐渐丰富起来。

请首先坚持 1 个月，体验运用称赞语言的效果。

第四章

通过玩游戏来建立
良好的亲子关系

良好的亲子关系

共同游戏有助于建立

训练的重点，有效地利用吧！

我们将介绍一些游戏，可以让父母和孩子在玩乐的同时建立信任关系，还能提高孩子的能力。让我们将游戏作为干预

通过游戏，提高孩子与父母之间快乐互动的能力

对 3 岁以下的孩子来说，感到自己被爱是很重要的。这不仅可以给予他绝对的安全感，而且对他的大脑发育也非常重要。父母需要通过语言和行动向孩子传递爱，给予他安全感。然而，即使你心里明白这一点，但当你喊孩子的名字而得不到任何回应，或者因孩子的问题行为被他左右时，你也可能产生"不想管他了"的想法，无法给予他无条件的爱。我也是一样。

在这种情况下，我建议你和孩子一起做有身体接触的游戏。通过有趣的身体接触和共同参与，

丰富多彩的游戏，让你和孩子心灵相通，同时培养了孩子的能力。

身体接触游戏

目的是通过身体接触培养孩子对他人的兴趣和同理心。尤其是当你不知道如何向孩子表达爱时，亲子间的亲密接触可以增加彼此的笑容和沟通。

培养孩子对"人"的兴趣和"想要与他人分享乐趣"的同理心。随着游戏的深入，孩子的互动能力将会提高，父母也能够享受其中。

除了这种亲密接触的游戏之外，你还可以加入目光接触的游戏。很多患有发育迟缓的孩子很难与他人进行对视，但通过与父母的不断接触，他们与人对视的能力可以得到提升。

如果你的孩子可以娴熟地完成身体接触和目光接触的游戏，建议可以和孩子玩指向游戏（根据"指"的方向看物品的游戏），来培养孩子共同注意的能力。共同注意是孩子与他人共同注意同一事物的能力，即可以留意到对方给出的沟通信息，并将注意力放在对方所指的事物上。很多发育迟缓儿童在这一方面很薄弱。

唱歌和手指韵律游戏

这个游戏的目的是让孩子跟随音乐节奏移动双手并模仿大人的手部动作，不但能提高孩子的模仿能力，还能促进语言能力的发展。

目光接触游戏

不擅长与他人目光接触的孩子，不妨尝试玩一下这个游戏。

指向游戏（根据"指"的方向看物品的游戏）

这个游戏可以提高孩子看向别人指示的物品的能力（提高共同注意的能力）。共同注意对于发展模仿能力（这是学习应具备的基本能力）以及与他人建立关系非常重要。

　　例如，母亲在散步时指向某个东西，典型发育儿童会自然地将目光转向母亲指的那个方向，但是许多发育迟缓儿童做不到。

　　学习的基础是模仿。孩子具备模仿能力的前提是能注视父母所指向的物品。如果孩子共同注意的能力较差，那么他模仿的第一步就会受到阻碍。建立共同注意是建立与他人关系非常重要的一步。我们利用根据"指"的方向看物品的游戏来增强孩子的这种能力。

　　父母还可以通过唱歌和做手指韵律游戏来提高孩子的模仿能力，同时还促进了孩子语言能力的发展。

　　这些游戏能让父母和孩子乐在其中，加强彼此的沟通，建立良好的亲子关系。即使孩子超过 3 岁，做这些也不会太晚！

通过身体接触游戏来培养同理心 **1**

身体接触游戏可以增加亲子互动，培养孩子的同理心，还可以帮助孩子萌生对「人」的兴趣。

身体接触游戏 1

我儿子空在两三岁时，对同龄的孩子没有兴趣，经常独自摆弄玩具车的轮子，一玩就是几个小时。如果放任不管，他就只喜欢做那些独自一人玩的游戏（兴趣狭隘）。我希望我的孩子对"人"感兴趣，所以我开始带他一起做身体接触的游戏。

起初，他也很讨厌与他人身体接触，但慢慢有了兴趣之后，他会主动要求玩这类游戏。

很多发育迟缓儿童最初可能抗拒与他人的接触，特别是如果他们有触觉敏感（感统失调）的问题。所以，请逐渐增加与孩子互动的时间，同时密切关注孩子的状态。即使孩子一开始抵触身体接触，慢慢地也会发现这类游戏很有趣。

1 拥抱孩子

在清晨起床前、晚上睡觉前或一天中的其他任何时间，多多拥抱你的孩子，并对他说："我爱你，××。"这种身体接触在父母对孩子感到绝望时，也有解开父母心结的作用。先去试一下吧！

我最爱小广了！

2 与孩子手牵手，扑到被子里

与孩子面对面站立，看着他的眼睛，喊着"1、2、3"之后，与孩子手牵手扑到堆在一起的松软被子里。这个游戏非常受小孩子的欢迎，几乎无法与他人进行眼神交流的孩子玩了这个游戏后，其父母也有很好的反馈："这是他第一次直视我的眼睛。"扑入被子之后跟孩子玩挠痒痒也很有趣。

③ 惊险刺激的飞机游戏

按照与游戏 2 中相同的方式叠放被子。爸爸（或妈妈）仰卧并屈曲膝关节，让孩子俯卧在自己的膝盖上。接下来把膝盖抬起，一边把孩子抬高一边说着"飞机，哇……要下降了！"，然后放下膝盖，用膝盖把孩子翻转到被子上。这个游戏也能有效引导孩子提出"还要玩"和"起飞"等要求。

④ 对孩子呼喊"过来！"，孩子过来后拥抱他

妈妈（或爸爸）在稍远的地方对孩子说"过来！"，然后张开双臂等待。当孩子过来时一把抱住他然后站起来转圈圈，这是很有趣的亲子互动。如果孩子没有反应，可以找一个人在后面轻轻地推孩子，辅助他走到妈妈（或爸爸）身边，同时从孩子后面提示："妈妈（或爸爸）在哪里呀？"让后面的步骤可以顺利进行。

⑤ 骑大马游戏

爸爸（或妈妈）像大马一样背着孩子，一边唱着"大马"的儿歌一边动起来。唱完儿歌后，大人一边笑着说"嘻嘻"，一边慢慢抬起上半身并让孩子滑到旁边堆起来的被子上面。孩子一定会非常开心。

Let's try!
用游戏建立
亲子关系

通过身体接触游戏来
培养同理心 ❷

有许多丰富多彩的身体接触游戏，可以让父母和孩子一起轻松享受。在密切关注孩子情况的同时，从孩子最喜欢的游戏开始吧！

6 拉大锯、扯大锯

父母和孩子面对面坐着（孩子的腿放在父母腿的内侧），双手拉在一起，一边唱着"拉大锯、扯大锯"的儿歌，一边做拉锯、扯锯的动作（同时微笑并进行目光对视）。最后，可以把嘴巴贴在孩子的肚子上，模仿屁声。孩子会非常开心。

拉大锯。

7 "啾啾妖怪"在这里

啾啾啾啾

这是一种追逐游戏。父母化身为"啾啾妖怪"，一边说"啾啾"，一边追逐孩子。当抓住孩子时，就去亲吻他的脸颊。父母扮成"啾啾妖怪"时，可以用围巾作为斗篷或帽子，通过这样的"变身"让游戏更加有趣。

8 挠痒痒游戏："××在哪里？"

小肚脐在哪里呀？

父母面对孩子，一边说着"小肚脐在哪里呀？小肚脐在哪里呀？""小肚脐"，一边挠孩子痒痒。

父母一边说话，一边愉快地对孩子的脸颊和身体其他部位挠痒痒。父母还可以一边说着"你的肚脐在哪里呀？"，一边不断移动手的位置，让孩子对"挠痒痒何时会到来"充满期待。

9 抛接球游戏

与孩子抛接球的同时喊着"来喽""好的"来进行语言互动，提高孩子的社会性沟通能力。孩子没有讲话时，就与他对视并把球扔给他。建议从排球大小的球开始抛接。如果孩子抛接球有困难，那请你们就享受面对面坐在地上互相滚球的快乐吧。

10 在家轻松玩打地鼠游戏

使用家里下方有门缝的门，隔着门与孩子面对面坐下。拿一张写有问题的卡片，将其放入门与地板之间的缝隙中，然后在抽卡片的同时让孩子拍打卡片。如果孩子拍到了卡片，让孩子回答卡片上的问题，孩子会很享受这样学习的乐趣。如果孩子拍打物品有困难，可以让另一个家人在孩子身后把手放在孩子手上来辅助孩子。

11 举高高游戏

对孩子说"要不要举高高呢?"，引出孩子提出"举高高"的要求(主动性语言:提要求)。对于还没有语言的孩子，父母可以不断说"举"来诱发孩子发同样的音。在孩子发出声音的瞬间，父母一边说"举高高"，一边把孩子抱起来。即使孩子只发出了"举"的音，也要给予孩子赞扬:"你会说'举高高'了! 很棒!"

通过身体接触游戏来
培养同理心 ❸

这一部分继续为大家介绍各种类型的游戏。如果全家人一同参与并营造活跃的氛围，孩子的反应会更好。

身体接触游戏 3

12 抱着孩子，让他倒立

用双臂搂住孩子的腰并牢牢地把他抱住。当父母说"1、2、3"时，如右图所示将孩子翻转过来，同时支撑住孩子的下半身。（注：做这个游戏时要观察孩子的反应。如果孩子感觉不适，则要及时停止。）大多数孩子都喜欢这种刺激的游戏，并能在多次玩耍之后提出"还要玩"的要求（主动性语言：提要求）。

13 与家人一起玩拍气球游戏

用拍打排球的方式拍打气球。如果孩子在拍气球时遇到困难，请在气球上系一根绳子（如右图所示），或者把系气球的绳子绑在天花板上，便于孩子拍打。全家人一起玩，既可以享受更多乐趣并培养孩子的肢体协调性，又可以提高孩子眼睛追视物体的能力。

14 边拥抱边读绘本

有些发育迟缓的孩子可能对绘本不感兴趣，没有关系，你可以先选择立体绘本或者面向低年龄段儿童的绘本让孩子阅读，引起他们的兴趣。如果孩子能和你一起读绘本，要及时称赞孩子。刚开始每次只需要读2～3页，然后逐渐增加每次阅读的页数。

身体接触游戏给小A带来的变化

这是一件发生在小A身上的事情。我去小A家帮他做康复训练时，被他的家人告知他被诊断为重度孤独症。

起初，小A根本不与我进行目光对视，只会在房间里徘徊。他妈妈向我解释道："他不会玩玩具，也不会做按开关之类的简单动作。"在实际尝试玩玩具时，小A的身体会突然变得软弱无力，一点儿干劲也没有。

我立即改变了尝试的方向，开始和小A一起玩各种身体接触游戏，比如本章介绍的"扑到被子里"（第42页）和"飞机游戏"（第43页）等。随着游戏的进行，小A原本面无表情的脸上终于露出了一丝微笑。就这样过了一个多小时，当我准备离开时，小A在门口送我，并注视着我的眼睛看了大约20秒。在此之前小A从来没有和人有过目光对视，他的妈妈也对此感到惊讶。我也确确实实感受到了身体接触游戏对孤独症儿童的好处，并为此而感动。

与人对视是发展人的社会性非常重要的一步。一个人与他人的对视越多、对他人的兴趣越多，对周围事物的兴趣就越广泛。随着孩子好奇心的发展，他们的社交能力也会相应提升。

从孩子容易接受的游戏开始，试着先耐心地与他进行互动训练1个月吧！

发育迟缓儿童社会性提升的步骤

在玩身体接触游戏时与人进行目光对视

↓

对周围的人、事、物感兴趣

↓

萌生好奇心

↓

社会性得到提升

📋 **一些建议**

假装自己是一名演员，用夸张的反应来活跃气氛。

父母期待孩子能从一开始就对游戏乐在其中，但孩子很可能对游戏没有一点儿反应，并且看起来很无聊。请不要放弃，当你不断鼓励孩子时，他会逐渐对游戏产生兴趣。

父母首先要表现出自己很开心，这一点很重要，要像演员一样用夸张的反应来活跃气氛。

有时，你可以邀请全家人参与其中，用鼓掌、击掌和欢呼的方式，营造更有趣的氛围。当周围的人玩得开心的时候，孩子就会逐渐变得对游戏感兴趣并且愿意参与其中。此外，孩子对游戏的兴趣也会因周围人的夸张反应而得到提高。

用目光对视游戏与孩子进行心灵上的沟通

与他人进行目光对视是沟通的基础。让你的孩子通过简单的游戏来学习目光对视，以及体验与他人心灵沟通的乐趣吧。

目光对视游戏

1 用目光"传递"玩具

当你准备将玩具或零食递给孩子时，不要立即递给孩子，而要等到孩子与你目光对视后再递给孩子。如果孩子与你进行目光对视时遇到困难，你可以先将玩具或零食靠近自己的眼睛，这样孩子就会自然地看向你了。

2 当靠近孩子时，呼唤他的名字

小健！

走到孩子身边，一边看着孩子的脸，一边喊着他的名字。一旦孩子与你有目光接触，就拥抱他并说："你看到我了！"刚开始在孩子的身边呼唤他的名字，如果顺利再逐渐拉开你和孩子的距离。

3 等到目光自然相遇

看着孩子的脸不要说话，然后等待你们的目光自然相遇。当孩子和你进行目光对视时，立刻表扬他："妈妈很高兴，你看到妈妈了！"然后拥抱他或给他挠痒痒吧。一遍遍地进行这个游戏，以便帮助你的孩子明白目光对视是会使对方感到高兴的。

进行目光对视时，始终保持微笑

和家人一起享受
目光对视游戏

小健！

全家人围坐在孩子身边，按顺序呼喊孩子的名字，当孩子对自己的名字有反应并和大人四目相对时，大家一起鼓掌。当全家人微笑着鼓掌时，孩子会意识到自己受到了表扬，与人对视的动机也会增强。

一些建议

针对目光对视有困难的孩子：

　　将双手轻轻扶着孩子的脸颊并慢慢引导，可以让孩子更容易与你进行目光对视。如果他还是不看你，你可以指着自己左右眼中间的位置说："看，眼睛。"第 42 页、43 页的"扑到被子里"和"飞机游戏"，可以帮助你和孩子练习目光对视，而且很受孩子欢迎。

　　许多发育迟缓儿童难以与他人进行目光对视。然而，与人进行目光对视是沟通的第一步。在提高社交技能方面，学会与他人目光对视是非常重要的。

　　然而，如果你用责备或命令的语气跟孩子说话，例如说"你必须看着妈妈的眼睛"，你的孩子就会退缩，变得更加不愿意与你进行目光对视。

　　相比于使用强硬的方法，请尝试一下前一页介绍的简单游戏吧。有的孩子难以去看别人的眼睛，可以先鼓励他去看对方双眼之间或鼻子的区域，然后再缩小范围引导孩子看向对方的眼睛。

　　重点是在这个时候父母一定要以微笑回应孩子的目光。长此以往，就可以延长孩子朝向父母微笑和目光对视的时间了。

　　如果孩子可以很好地与你进行目光对视，请满怀笑容地尽情称赞他："你看妈妈了！妈妈很高兴！"这样不断地重复练习，孩子可能想"啊，我和妈妈目光一对视，她就很高兴"，这将是一个巨大的成功。迟早有一天，你的孩子会开始主动与你进行目光对视。

　　当你越来越擅长与孩子进行目光对视时，你会觉得你和他开始有了心灵上的沟通，你们之间的亲密感也会加深。

通过指认游戏来提高
共同注意力

随着孩子共同注意力的提高，他们会学会用语言表达自己的想法并具备共情能力。

通过指认游戏和语言互动来吸引孩子的注意力

我儿子空的共同注意力很差，即使我指着某个物品让他看并和他说"看那个！"，他也没有反应。为了提高空的共同注意力，在他3岁的时候，我尝试在散步时重复下面的练习，渐渐有了效果。

比方说，如果看到草地上有蚂蚁在爬，可以一边发出"啊！"这种稍微夸张的声音来吸引孩子的注意力，一边用手指慢慢指向蚂蚁。

然后，当孩子伸出手指着蚂蚁并看向蚂蚁时，你立马说："蚂蚁！"，并让孩子重复你说的话。如果孩子很难用手指向蚂蚁，父母可以在孩子身后用手势辅助来提示孩子指向蚂蚁，并看着孩子的脸对他说："有蚂蚁哟！"

当你和孩子一起散步时，用手指一指沿途看到的各种事物，并参照上面的交流方式与孩子交流。迟早有一天，孩子在不需要辅助的情况下，也会主动看向你指向的位置。

如果孩子能做到共同注意，那在他说出了"蚂蚁"之后，你可以用语言和他互动。我鼓励父母将脸贴近孩子，与其进行目光

啊！

蚂蚁。 蚂蚁。

有困难时由父母辅助

蚂蚁。 蚂蚁。

有蚂蚁哟！

在家里玩"寻宝"游戏，提高孩子的共同注意力

对视。在此期间，孩子会看着父母的脸来确认："妈妈（爸爸）也在看我正在看（我想要知道）的东西吗？"顺便说一句，这是典型发育儿童自然而然会做的事情，与他们的社会性发展有关。

另外，你可以试着和孩子一起看同一个东西，并对着孩子说"这很可爱"或"这很有趣"，同时和他进行目光对视，一起度过一段有趣的时光。如果你有足够的耐心不断重复以上的互动，孩子在不断进步下，会产生一种渴望——能用语言向他人传达自己的想法并得到他人的共鸣。

你也可以在家中跟孩子玩指示游戏来提高他的共同注意力，例如"寻宝"游戏。游戏规则很简单，也不需要特别的准备，只需要在家中不同的地方放置孩子喜爱的零食或玩具即可。父母指着某个位置和孩子说"那边有零食（玩具）哟！"，然后让孩子去寻找零食（玩具）。

游戏的关键是要将"宝藏"放在孩子容易找到的地方。最好先指向孩子旁边的"宝藏"，然后逐渐指向远一些的"宝藏"。

那边有饼干哟！

将零食、玩具等放在家里较显眼的位置，父母一边指着放置处一边对孩子说"那边有一个饼干（玩具）"，然后让孩子去寻找它。关键是让孩子先从身边的物品开始寻找，然后慢慢增加寻找的物品与孩子之间的距离。

如果你的孩子能够做到这一点，你就可以不用说话而是默默地拍拍孩子的肩膀，让孩子知道只需朝着父母指着或看着的方向就能找到"宝藏"。

这个游戏能帮助孩子判断对方关心在意的是什么。这也是发育迟缓儿童所不擅长的事情。

孩子的语言和模仿能力

通过唱歌和手指韵律游戏培养孩子的语言和模仿能力

唱歌时跟着节奏做手指韵律游戏，可以提高孩子的语言和模仿能力。让孩子享受乐趣并坚持下去吧。

当妈妈给发育迟缓儿童教授新事物时，就算说"看妈妈这样做，然后模仿妈妈"，效果也不好。而唱歌、玩手指韵律游戏是提高孩子模仿能力和语言表达能力的有效方法。

现在市面上有很多童谣绘本，我从中挑选了我儿子空喜欢的童谣和图片，并进行彩色复印，装订成册，创作了一本"原创"绘本。想象一下，你和孩子一起摊开绘本，一边指着图画一边唱歌，孩子会在学习语言的过程中获得很多乐趣。

我每天都会抽出1个小时左右的时间和儿子躺在被子里，一边给他看绘本一边唱歌。躺在床上的好处是孩子更容易集中注意力，父母也会更舒适。这样持续了几个月，原本不太会说话的空已经能唱一些童谣里的小片段了。

让孩子看到父母乐在其中很重要

一边唱着"咚咚咚咚，小白兔"，一边做手指韵律游戏，孩子的模仿能力会进一步提高。市面上有不少关于手指韵律游戏歌曲的图书，在网上也可以找到一些视频。先从简单的开始，试着用孩子喜欢的歌曲，反复做手指游戏吧。

全家人一起加入游戏会更有趣。先让孩子看到父母活动身体并乐在其中的样子，然后从背后辅助他，帮助他一点点地模仿动作。

有些孩子会发现使用物品进行动作模仿更容易，例如用鼓槌敲鼓、假装用杯子喝水，或者有节奏地敲击桌子。如果孩子模仿有困难，还是需要父母从孩子的背后给予辅助。

无论如何，请以适合的方式耐心教导你的孩子，让他享受模仿动作的乐趣。

一些建议

当父母忙碌时，给孩子播放儿歌听吧！

当孩子喜欢上与你一起唱歌、做手指韵律游戏，而你无法腾出手和他一起互动时（例如你做家务时），可以尝试播放他最喜欢的儿歌。这时反复让孩子去听他喜欢的歌曲是关键，反复地听，孩子更容易集中注意力在歌曲上，也更容易跟着节奏记住歌词。

利用物品做动作模仿游戏

大鼓咚咚咚。

喝水咕噜咕噜。

敲桌子当当当。

第四章 通过玩游戏来建立良好的亲子关系

放任儿子的『冷漠』

在空两三岁的时候，我带他去动物园玩，但他对动物没有任何兴趣，就好像动物园里没有动物一样。

当时我觉得好不容易带着空大老远来了，希望他能够表现出对动物的一些兴趣，所以我带他到了长颈鹿园区，我对他喊道："快看！长颈鹿！长颈鹿！"但他压根不想看长颈鹿。我也试着一边喊着"长颈鹿"一边把儿子的脸转向长颈鹿，但他却转过脸去看另一个方向。

我斜眼看了一眼周围的孩子，他们都高兴地看着各种动物。我放弃了进一步鼓励他看动物的想法，心想：空对动物不感兴趣，我暂时不想再带他来动物园了。

然而，如果那时我能一边喊着"啊！"，一边把手指先伸出来放在他的面前让他注意，然后尝试着用手指指向长颈鹿让他去"追视"，也许他就能够看向长颈鹿了。这与第50页介绍的让孩子注意看蚂蚁的方法类似。当时的我没有去做这件事，而是放任空对动物的"冷漠"。

在那之后不久我开始学习ABA，和空一起练习如何提高他的共同注意力，包括"追视"。经过练习，空慢慢学会注意身边的各种事物了。

之后，空看我的脸以及与我目光对视的次数变得多了起来。当我说"这有一只猫！"或"花很漂亮啊！"时，他也能微笑着回应。我终于体会到了和孩子之间产生共鸣的乐趣了。

现在每当我和空去动物园，他都会精力充沛地带着我四处走动，嘴里还喊着接下来要去看的动物，例如，"下一站，去看大象！"

第五章

发出警告、指令时的
语言互动方法

✗ 你是否总是警告和命令孩子？

尽可能使用积极正面的语言

你是否总是对孩子说负面的话？比如，『不要那样做！』如果你用积极的语言表达，就会给孩子留下好的感觉。

不要打破杯子！

"不行！别这么做！""快点！""又错了吧！我要说多少遍你才会明白？"……回头想一下，你是不是经常向孩子发出这样的警告、命令或给出负面的言论？

父母说上面这些话时，很容易使用强硬的语气。每天听到这种话的孩子，可能会因为"妈妈又生气了"而感到厌烦，或者对父母的语气感到害怕，对理解父母的话感到筋疲力尽。

即使传达相同的信息，孩子的感受也会因父母说话方式的不同而有很大差异。

本章内容介绍了如何让孩子积极看待父母发出的警告或指令。

可以让孩子表现更积极的沟通方法

第一个要点是，尽可能使用积极的语言，比如肯定句。要避免使用负面语言，比如"不要这样做"和"不要那样做"。下面举了几个父母如何转变说话方式的例子。

👩 "别跑！" → 😊 "我们走吧！"

👩 "别让杯子掉到地上！" → 😊 "要牢牢地拿紧杯子哟！"

👩 "除非你清理干净，否则我不会让你看电视！" → 😊 "收拾干净之后我们就看电视吧！"

然而，你和孩子在一起时，总有不由自主想说"不行"的时候。例如，对于想把任何拿到手的东西都放进嘴里（无法分辨食物）的孩子，当他正准备把石头塞进嘴里的时候，请尝试以下步骤。

首先，用手控制住孩子的行为，然后微笑着说："把石头给我。"收到石头后记得跟孩子说"谢谢"。父母这样做可以避免使用负面语言，并且在最后说"谢谢"也可以让孩子心情变好。

但如果你从一开始就责骂孩子，他要么会因为自己的失败而感到沮丧，要么会产生强烈的反抗心理。

当然，斥责和教导孩子不要去做不该做的事情很重要，例如危险的事情。不过，请你不要总是生气。如果你每天都尝试使用积极的话语，那么严厉的话语在关键时刻也会更有效。

换个积极的说法，让孩子意识到要表现出积极的行为。

要牢牢地拿紧杯子哟！

很稳地拿好了杯子。很棒！

走到孩子身边，再给予指令

> 别再玩了！赶紧把玩具车收拾干净！要我说多少次你才能明白？

当你忙于做家务时，是否会从远处关注孩子的行为或给他下指令呢？

你在远处对孩子说话时，会不可避免地提高音量并使用愤怒的语气。即使孩子听到这些指令，他也会被你过大的音量和过于激烈的语气影响，无法正常理解你下的关键指令。

此外，由于看不到孩子的回应，很多父母会一遍又一遍地重复相同的指令，从而使孩子的反应更加迟钝。无论你从远处喊了多少次，大多数情况下，孩子都会忽视你说话的内容。

即使你很忙，也请尽量走到孩子身边再发出指令。

如果你离孩子太远，即使你大声地给孩子下达指令并不断重复，他也接收不到。所以即使你再忙，也请尽可能靠近孩子再给他下指令。

给予孩子指令的 3 种方法

1 走到孩子身边下指令

请你先停止做手头的家务或工作，然后到孩子的身边给他下达指令。先大声喊出孩子的名字引起他的注意，再看着孩子下达指令。比起你在远处恼怒地反复发出指令，在短时间内近距离向孩子说相同的话，他听从的概率会更高。

玩具车就玩到这里，让我们把车收起来。

太郎……

2 为了引起孩子注意，下指令时要有目光对视

如果你站在孩子旁边发出指令但他没有回应，请蹲下来，使你的视线和孩子的视线处于同一水平线上。然后紧紧握住孩子的手，与他进行目光对视和语言交流。通过目光对视和身体接触，可以帮助孩子关注到父母的指令。

要吃饭了，让我们收拾一下吧。

太郎……

3 当你确实无法走到孩子身边时

当你忙于家务或工作而无法靠近孩子时，请先叫他的名字引起他的注意，然后给予指令。如果唤名不起作用，请提醒孩子刚才你说的话，例如"刚才妈妈说了什么？"。用问句提醒可以增加孩子采取行动的概率。总之还是尽可能停止手头的家务或工作，来到孩子身边看着他并下指令吧。

收拾玩具车。

刚才妈妈说了什么？

太郎……

你只会以命令形式发出指令吗？

把鞋子摆在一起！

尽可能避免使用命令句

可以用很多不同的句型代替像『不要××！』这样的命令句型。请尝试使用命令形式以外的句型给予孩子指令吧。

如果父母不断发出诸如"穿好衣服！"或"把鞋子摆在一起！"之类的命令，孩子最终可能变成只会等待指令的人。此外，当父母用强硬的语气对孩子发出命令时，孩子会感到不安。

那么，当孩子从外面回家并将鞋子乱放在门口（如上图所示）时，除了说"把鞋子摆在一起！"（命令形式）之外，你还可以怎么说呢？

下面展示了 4 个例子。

❶ 礼貌用语（××哟，请××）

将"把鞋子摆在一起！"更改为"要把鞋子摆在一起哟！"，这样的语气更柔和。你也可以用愉悦的语气说："请把鞋子放在一起，谢谢！"当你有礼貌地与孩子交谈时，他会感觉更舒服而且行动力更强。

❷ "让我们……吧！"

如果你像发出邀请一样，对孩子说"让我们把鞋子放在一起吧！"，

除了命令形式之外，发出指令的方法还有很多

孩子会感到愉悦，较少产生反抗心理，也更容易听从你的话并付诸行动。

当孩子想小便而扭扭捏捏的时候，很多父母会用疑问句问他"要尿尿吗？"。有些孩子被问到这个问题时会倾向于说"不要"，这时请尝试使用"让我们×××吧"这样的形式重新表述。例如，父母轻轻推着孩子背部，和他说"让我们去尿尿吧！"。这样一来，孩子有尿意时直接去厕所的情况会变多。"让我们×××吧"的句式适用于很多场合。

❸ **陈述句（主语＋谓语＋宾语）**

如果你像说陈述句一样语调平缓、感情色彩平淡地说"把鞋子放一起"，有些孩子会更愿意采取行动。但是，请注意不要使用刺耳的语气，因为这样听起来像是责骂孩子。

❹ **非语言形式（通过非语言的方式提醒孩子）**

如右图所示，父母从后面轻拍孩子的肩膀，让孩子转过身来，然后看着孩子的眼睛。与孩子目光对视后，父母再看向孩子的鞋子，通过看孩子的鞋子（或指着孩子的鞋）来提醒孩子，鼓励孩子把鞋子摆在一起。请记得始终保持微笑。这种方法能使父母少些唠叨，大人孩子都开心。

你感觉怎么样？孩子能接受的表达方式因人而异，因此请努力找到你的孩子能接受的最佳语言方式吧！

包含交互式语言（intraverbal）的语言互动

尽可能避免使用命令句——

进阶版

这里介绍一些进阶的语言表达方法，不仅可以应用于多种情况，也有助于孩子语言能力的发展。

对于有一定语言能力的孩子，用以下的下指令的方法也是有效的。

❶ 使用交互式语言发展持续对话的能力

交互式语言是 ABA 中的一个术语，指的是一种言语行为，即其中一个人的言语回应是由另一个人的言语刺激引发的，而不是由物理对象或事件直接引发。比如，你说了"很久很久之前……"后，有人会立马接上"有一个地方"。

使用交互式语言也是提高孩子保持对话的有效方法。例如，"红灯……""停。""你最喜欢的颜色是……""绿色。"

当你要求孩子把鞋子放在一起时，可以尝试把交互式语言融入第60 ~ 61页介绍的语言互动中。

让孩子注意到你的疑问句或喃喃自语

首先，父母要指着孩子脱下的鞋子问他："鞋子呢？"如果孩子能回答"要放在一起"并采取行动，就是最理想的。

然而，这里的主要目的是让孩子把父母的指令付诸行动，所以没有必要强迫孩子一定说出"要放在一起"。重要的是让孩子意识到他没有摆好鞋子并能督促他采取行动。

❷ 使用疑问句（你做……了吗？）

尝试以疑问句的形式督促孩子，例如："你把鞋子放在一起了吗？""你打算怎么放鞋子？"这时，许多孩子会意识到他们没有放好鞋子并及时改正。

这个疑问句形式可以应用于许多不同的情况。"你把玩具收起来了吗？""玩完玩具应该做什么呢？""你的坐姿是否良好？""你吃饭时的坐姿怎么样呢？"……使用这样疑问句的形式督促孩子表现出父母期望的行为。

❸ 喃喃自语（无法……的人，也许……也没关系吧）

"无法把鞋子放在一起的人，也许不吃零食也没关系吧！"父母可以这样自言自语。

这是一种"制裁"通知，如果用强硬的语气反而会引起孩子的反感。所以，父母学会用这样喃喃自语的说话方式很重要。孩子很容易听进去你这样的自言自语，然后就会立刻冲去收拾鞋子，因为他会认为"如果不能吃到零食就麻烦了"。

063

使用数十秒的方法或计时器来提前告知

提前告知孩子『要在 × 秒内完成这个哟』，然后开始计时『一、二、三……』或设置一个计时器，这样做你的孩子的行动会更容易顺利进行。

快点儿换好衣服！要我说多少次你才能明白！

有一段时期，我几乎每天早上都训斥空。每当我让他穿好衣服去上幼儿园时，他总是磨磨蹭蹭，那时我的口头禅就是"快点儿换衣服！"可是，无论我怎么训斥对他都不起作用。

当时我突然萌生了使用"10秒计时预告"的想法，并尝试了一下。

"你能在10秒内脱掉睡裤吗？我要开始计时了！1、2、3、4、5……"我向空发起了挑战。

你猜发生了什么？空竟然按照我的要求很快就脱下了睡裤。一向磨磨蹭蹭的空，接下来只用了5秒就穿好了外出的裤子。

"太棒了！用5秒就穿好了。接下来是穿袜子！要在10秒内穿上哟！1、2、3……"

就这样，每天清晨在我计时的声音的引导下，空都能很麻利地穿好衣服。

通过提前告知，孩子的行动会很顺利地进行

计时 10 秒的提前告知对于总是磨磨蹭蹭、行动力差的孩子来说往往很有效。

在想要发出通知来结束游戏时，也可以使用计时器。提前向你的孩子展示计时器，并让他保证遵循计时器的功效。例如，"当它发出蜂鸣声时，游戏就结束啦。""好的。"

当计时器响起时，让你的孩子按原计划结束游戏并整理游戏区。闹铃声（蜂鸣声）也可以作为每一个训练（或游戏阶段）的结束标志，让孩子顺利地进入到下一项活动。很重要的是，要在计时器响起前 1 分钟就提醒孩子，"1 分钟后就结束了哟！"

如果让孩子平时习惯使用计数方法和计时器，提前告知的效果会更好。比如，"数到 10 的话，游戏就结束啦！"再比如，"让我们一起数到 30 就去洗澡吧！"，然后开始计时"1、2、3……"，并让孩子享受数数的乐趣。

另外，部分发育迟缓儿童对声音敏感，可能不喜欢或害怕闹铃声。对于这样的孩子，首先要让孩子适应闹铃声。让孩子慢慢适应的方法是，让计时器在离孩子较远处响起的同时，在孩子附近以比计时器高一点点的音量播放孩子喜欢的视频或音乐。在孩子适应之后，将计时器逐渐靠近孩子。如果孩子实在无法适应闹铃声，就放弃使用计时器而选择其他方法。

你是否给出了模糊的指令？

实践要点
孩子能接受的说话方式

要对孩子下达简洁且具体的指令

如果你给出的指令不清楚，或者同时给出多项指令，孩子会不知道到底该做什么，并且会感到困惑。

当房间里散落着很多玩具时，你是否会对孩子说："把玩具收起来！"

实际上这样的指令会让孩子不确定该怎么做，从而陷入一种停止思考的状态。

父母往往会说"好好做×××"或"必须做好×××"之类的话，但这些指令都很模糊，孩子很难理解。

在收拾物品的时候，父母需要给出具体的指令，这会让孩子更容易采取行动。比如，你指着要整理的盒子，对孩子说："让我们把积木放进盒子里。"完成后，对孩子说："把玩具车放进这个筐里。"要让孩子知道下一步具体该做什么。

注意按照顺序给出具体指令

晚餐时你想督促孩子吃饭，而此时孩子正在玩游戏，你有说过这样的话吗？

"别再玩了，把玩具整理好！洗干净手，来吃晚饭。"这种多重指令会让很多孩子无所适从。

那么，应该怎么做才好呢？

在这种情况下，父母首先应该做的是就孩子第一步应做的事情下达指令。也就是说，当你希望孩子停止玩耍时，请使用第 64 页介绍的计时 10 秒的方法和孩子沟通，例如："数到 10 我们就要结束游戏，去吃晚饭了。"指令的内容简洁具体，孩子更容易理解应该做什么。

当你的孩子停止玩耍时，再按照右边插图中的例子，给予孩子具体的指令来让他收拾玩具。接下来给予一个新的指令，例如"现在要洗手了"。这样能够让孩子顺利地进行下一步。

父母忙碌时，往往会同时下达多重指令，但当同时有好几件事情要做时，即使是成年人也会感到困惑，不知道从哪里着手。父母如果能站在孩子的角度思考，就会理解孩子执行多重指令是多么困难。

所以，我们要结合孩子目前的行动能力，按顺序尽可能向孩子展示具体做法。这是让孩子理解并执行指令的关键。

通过提前确认来改善问题行为

如果孩子因为你下达的指令太迟而没有按照你的意愿行事，请尝试提前和孩子确认需要做的事情。

✕ 你的指令是否慢了一步？

你是否有过这样的经历？你和孩子一起回家，在门口提醒他把鞋子要摆在一起时，他却已经跑进厨房并打开冰箱门了。当时的你没有预料到孩子的行为，于是慌慌张张地对孩子喊"先去洗手"。然而为时已晚，孩子已经喝起了果汁。

当父母的指令落后于孩子的行动时，你应该对孩子说些什么，以便孩子能够顺利行事呢？

这里我们要使用的是第二章中介绍的 ABC 分析法。ABC 分析法能够帮助父母找出处理孩子问题行为的方法，并让孩子的行为达到父母的预期。

以本页回家开冰箱门为例，我们关注 A（前事事件）＝"走向家门口时的动作"，并假设以下对话。

提前沟通，明确要做的事情

（带着孩子走向家门口时）

👩 "你回到家第一件事应该做什么？"

👦 "把鞋子放在一起。"

👩 "对了，接下来做什么？"

👦 "洗手。"

👩 "然后……"

👦 "漱口。"

👩 "正确！那让我们再重复一次这3件事。"（让孩子一一确认）

👩 "首先……"

👦 "把鞋子放在一起。"

👩 "下一步呢？"

👦 "洗手。"

👩 "很好……接下来呢？"

这样按顺序问这些问题，让你的孩子回答。

如果你提前和孩子沟通，改变A（前事事件），B（行为）就会更容易改变为合适的行为，你唠叨的次数就会减少。

如果孩子还不能顺利进行对话，你可以问孩子"你回家后要做的第一件事是什么？"然后用语言提示他"我会把鞋子放在一起"，然后让他重复你的话"我会把鞋子放在一起"。

无论哪种情况，关键点是提前确认好回家应该做什么以后再打开房门。

即使不需要提前确认，为了让这种行为扎根并成为孩子的一种习惯，也要反复进行上述的语言互动。

当你带着孩子回家时，在打开门之前，提醒一下他回家后需要做什么，孩子后续的活动就会更加顺利地进行。即使没有事先确认，也要不断重复这些话，直到孩子表现出应该有的行为。

💬 **平岩博士的贴心建议**

如果孩子无法对你的语言做出反应，请尝试用视觉化的方式帮助孩子理解。

如果孩子对父母提出的提前确认反应不佳，可以用视觉提示来辅助他理解父母的指令。父母可以在白板上用图片或文字记录下回家后要做的事情，并将其挂在家门口。这可以帮助孩子做自我检查：他会对需要做的事情更清楚，采取行动也会更快，并且也可以减少父母的指导。

当问题出现时，能让孩子冷静下来的语言

你是否会为了自己的方便而责骂孩子呢？比起生气和责骂，让孩子冷静下来能更有效地解决问题。

✗ 你是否为了自己的方便责骂孩子？

> 已经够麻烦了！

> 你在干什么！我没看着你，你就能把汤洒了。真是个没用的孩子！

"不可以，你在干什么！"当孩子不按照我们希望的方式行事时，我们很容易经常这样责骂孩子。

但仔细想一想，父母责骂孩子，与其说是为了孩子，不如说是为了自己的方便。

例如，快要出门了，你忙着做准备，但孩子不肯换衣服，你对他大喊大叫，说"快点换衣服！总是磨磨蹭蹭的……"。在这时，父母愤怒的原因是孩子无法早点儿出门。

如果想尽早出门，父母本应该早点儿准备好，却把自己的责任推给了孩子。

所以，请你养成一个习惯——在生气时客观地问自己："现在，我是为了自己的方便而责骂孩子的吗？"

通过询问"怎么办才好呢？"
让孩子冷静下来

在前一页插图所示的例子中，孩子被责骂的原因是父母因为"汤洒了之后清理很麻烦"。

在这种情况下，请说一些可以帮助你稍微喘口气的话。例如，🗨"汤洒了，怎么办才好呢？"

通过说这样的话，你可以控制住自己的愤怒，孩子也能积极思考问题。父母和孩子都可以冷静下来。

🗨"用抹布擦干净。"如果孩子能这样回答你的问题那就太成功了。如果孩子说不出来，你可以提示孩子，🗨"用抹布擦。"然后让他重复你的话"用抹布擦"。

请使用平和的语气与孩子进行沟通，来帮助孩子养成思考下一步行动的习惯。父母还应该和孩子一起应对事故。如果你能不断重复以上类似的操作，再遇到类似情形时，孩子便能够自发采取行动。例如，当洒出汤时孩子能自己拿起抹布擦拭。

此外，解决了手头的问题之后，请尝试帮孩子提出一些问题，让他思考答案，例如，🗨"为什么汤会洒了呢？"当你无法从孩子那里得到答案时，可以通过说类似"这是因为把碗放在桌子边缘才洒的"这样的话，来让他知道下次应该注意什么。

看到镜子里自己那张愤怒的脸，我惊呆了

有一天，当我对空的行为感到恼火并斥责他时，我突然看到了镜子里自己的脸。

"好可怕！我的脸好可怕！"

我被自己的样子吓了一跳，仿佛自己是一个魔鬼。

"我总是用这么可怕的表情提醒你去做事情吗？""空，对不起。"我对儿子充满了歉意。

我通常在心平气和时主动照镜子，所以当我无意当中看到镜子里自己愤怒的脸时实在太震惊了。

我们常常在生气的时候，或是全神贯注于孩子的干预训练时，表情看起来很严厉，有时会让孩子害怕。

看到父母这样的脸，孩子的笑容也会消失，反应也会变差。

为了能够微笑面对自己的孩子，请养成在说话之前有意识地提起自己嘴角的习惯吧。

暴怒！！

好恐怖！这张脸

第六章

处理孩子问题行为的七个方法

①
提示替代行为，引导出适当行为

孩子出现问题行为大致可以分为四个原因，需要我们做出相应的反应。如果你应对错误，孩子的问题行为可能升级。

父母错误的应对方式导致孩子问题行为升级

孩子出现问题行为，大致可分为 4 个原因：

1）提要求（想要获得 ××）；

2）拒绝 / 逃避（不想做 ××、想逃避 ××）；

3）想要获得父母和其他人的关注；

4）寻求自我刺激。

在 1）和 2）的情况中，如果你给孩子他想要的某样东西或者不让他去做他不想做的事情，问题行为就会暂时消失。然而，如果你总是这样处理，那么孩子每次想要获取某样东西或想要逃避做某件事时，都会重复之前的问题行为。在 3）的情况下，如果你给予孩子关注，孩子会认为自己的行为换来了父母的关注，也会重复之前的问题行为。

如果父母应对错误，孩子的问题行为将会升级。这一章介绍了防止孩子重复出现问题行为的 7 种有效方法。

引导出适当行为

第一步是向孩子呈现适当的替代行为，引导他们从问题行为转向适当行为。

例如，对于由原因4）引发的行为——孩子想通过不断敲打周围的物品来寻求自我感官刺激（如前一页插图所示），父母可以尝试给他一个鼓或手摇铃，并对孩子说："让我们敲打这个吧。"当孩子不再敲打周围物品而是敲鼓（或手摇铃）时，要记得表扬孩子："你敲得很棒呢！"关键是引导孩子做出无法与问题行为并行的行为。

如果你的孩子总是喜欢有比如一遍遍地打开和关闭水龙头这样的行为，你可以建议孩子做其他的事情，比如邀请孩子一起扔球。选一些易操作的游戏活动引导孩子表现出恰当的行为。当孩子发脾气时，平息他不良情绪的有效方法是尝试转移孩子的注意力，如右图所示。

让发脾气的孩子冷静下来的计数方法

一、二、三……

①拥抱孩子，随着孩子的呼吸节奏慢慢拍打他的身体。②用另一只手的手指在孩子面前比数字"1、2、3……"，这可以有效分散孩子的注意力，安抚他的情绪。不过，也有一些孩子在独处情况下情绪平息得更快。当孩子平息下来时，请摸摸他的头。

📋 **一点建议**

帮助孩子不再通过发脾气来表达自己的感受。

很多发育迟缓的儿童（包括孤独症儿童）在想要或不喜欢某样东西时，通常很难用语言表达自己的想法，于是就会经常发脾气。

你如果因为孩子总发脾气而感到苦恼，请理解"孩子其实是想通过哭闹表达自己"，并正面思考问题——"孩子有坚持自我的能力"。你可以教孩子用以下恰当的语言表达自己的心情。

①提要求："给我""帮我拿"等。
②拒绝："不""不要"等。
③关注："看！""喂，妈妈"等。
这些都是与人交流时应该掌握的语言。

请参考第七章关于语言沟通的示例，指导孩子使用上述语言，并帮助孩子不再通过发脾气来表达自己的感受。

✗ 有时警告孩子会适得其反

如果你的孩子行为不当，有时忽视这种行为是有效的。但是这样做也可能伤害孩子，所以请小心！

太郎，回到座位上坐好！

在幼儿园，当其他孩子都好好坐着时，有的孩子总是从座位上站起来。每次老师都会警告这个孩子"坐下"，但他坐下后不久又站了起来。问题到底出在哪里呢？

事实上，这个孩子因为被老师警告了而很开心（认为被警告＝受到老师的关注），所以才会多次从座位上站起来。老师不厌其烦的警告起到了强化孩子问题行为的效果。

处理孩子这种问题行为的关键是暂时忽略问题行为。在这个例子中，即使孩子从座位上站起来，老师也不要去警告和关注他。过了一会儿，当孩子发现自己没有受到任何关注，就只好坐回位子上了。这时请立即称赞他："能坐在自己的座位上真是太棒了。"如果孩子30秒或3分钟后仍然好好坐着，请再一次表扬他。关注并赞扬孩子的好行为，会起到强化好行为的作用，也有利于孩子保持好行为。

忽视问题行为，赞扬好行为

这种用忽视来消除问题行为的处理方法可以应用于多种情况，然而，也应避免过度使用，否则容易忽视孩子的感受和情绪。

患有孤独症的小 A，曾在自己的博客上写过这样一段话：小时候，每当我（在此指小 A）输掉比赛时就会发脾气、责怪别人。然而就算我不断发脾气，也不会引起别人的关注。如果当时有人能理解我的感受，说一句"真是可惜啊！"，我也就没有那种被冷落、不被人理解的感受了吧。

孩子感到孤独、悔恨或者在忍耐某件事而不知该如何表达自己的感受时，就容易出现发脾气等问题行为。

在这种情况下，请不要对孩子的行为给予关注（即忽视问题行为），而要说"真是可惜啊！"或"你一直在忍耐着啊！"这种帮孩子表达出内心感受的话，陪伴在孩子身边直到他平静下来。或者，请温和地问他："你为什么要……呢？"

当孩子平静下来时，别忘了表扬他。除了采用忽视问题行为这样的处理方法，父母和孩子之间还可以进行有趣的互动，努力建立良好的亲子关系也很重要。（第四章）

❸ 提供奖励并与孩子协商

✕ 对孩子大喊大叫，只会把孩子惹哭

> 去学习！要我说多少次你才能明白？
>
> 不要！我要玩一会儿游戏再去！

无论你提醒孩子多少次该学习了，他都不听，并且又哭又闹……相信很多父母都有过这样的经历。

在这种情况下，建议你与孩子进行协商。

👩 "差不多该学习了吧。"

👦 "不要，我先玩游戏。"

👩 "可以玩游戏，但要学习完才能玩。"

像这样通过向孩子提供奖励，引导孩子采取恰当的行为。

与孩子协商时要使用一些技巧，即奖励必须在恰当的行为之后给予。即使是成年人，如果先拿到报酬，也容易失去做事的动力，何况是孩子。

如果你在和孩子协商时说："让我们在×× 之后再做×× 吧！"，通常孩子可以顺利地进行下一步行动。然而，我们在与孩子协商时需要牢记一些重点。

做出恰当的行为之后给予奖励

与孩子协商时的说话方式也需要注意。例如，错误表述："我给你糖果了，请保持安静。"正确表述："当你保持安静的时候，就可以得到糖果。"请一定要牢记：把孩子要做的事情放前面，把他想要的东西放后面。这是因为，如果你按照错误表述那样跟孩子交谈，容易让孩子养成不给奖励就不去行动的习惯。

然而，这种协商方式也可能无法激励孩子。例如，如果你的孩子心情不好，他会拒绝"学习完再玩游戏"的协商，这时你可以和孩子玩一些可以让他心情愉悦的小游戏，比如挠痒痒。待孩子放松下来，对他说："再做两次就结束，然后等你学习完再玩吧。"像这样，使用"玩游戏 + 做该做的事情 + 玩游戏"的"三明治方法"，来增加孩子完成任务的动力，使孩子能顺利行动。

一旦孩子顺利接受这种形式的协商，你就可以挑战一下先给予奖励的协商方法了。

例如，当你的孩子想在做作业之前看一个电视节目时，你可以先告知孩子："看完电视就要做作业喔。"然后让孩子看电视。在提前告知孩子时，要让孩子回应"我明白了"，以确认与父母的约定。孩子有了心理准备，就更容易按照要求采取行动。

❌ 父母生气只会导致孩子反抗

④ 为孩子提供选择，将选择权交给孩子

如果你给孩子展示两件事让他做选择，孩子会因为自己的意见被尊重而有满足感，执行任务的概率也会提升。

快点儿做作业吧！为什么你要让我每天一遍遍地说同样的话？真是个坏孩子……

啊，又生气了……

当孩子不愿意做你让他做的事时，除了协商之外，你还可以让他进行选择。例如：

"要做作业吗？"

"呃……我不做！"

此时如果父母生气了并试图强迫孩子做作业，孩子只会反抗。建议父母让孩子做选择。比如，"那么，你想从6点开始做作业吗？还是想在6点10分开始？""我会从（6点）10分开始做作业。"如果孩子能这样回答，那就算成功了。既然是孩子自己做出的选择，那么他完成的积极性也会比较强。

需要重点强调的是，当你向孩子提供选择时，要像在讲一个有趣的故事一样微笑着说话。这样，孩子也就会享受做出选择和执行任务的乐趣。

父母提出选项，让孩子自己做选择

　　如果父母想让孩子打扫房间，但孩子似乎不情愿打扫，那么要想采取让孩子自己做选择的方法，父母应该怎么说呢？

　　这种情形如同第 66 ~ 67 页所解释的那样，父母要避免给孩子下达模糊的指令。父母要把指令具体化，给孩子提供选项并让他做选择。例如，"要把绘本放在书柜里，还是要把玩具收拾到篮子里？"如果孩子回答"收拾玩具！"，请妈妈一边唱"收拾玩具喽，收拾玩具喽……"，一边和孩子快乐地收拾玩具。

　　如果这时孩子回答"我都不做！"妈妈应该如何回应呢？

　　妈妈可以这样说，"那妈妈先选，然后你要选妈妈选剩下的那个。"如果妈妈这么说，孩子主动选择的概率就会变高。

　　这样让孩子自己做出选择比父母单方面下达指令减少了强迫的意味，更有利于孩子获得满足感（自己的意见被接受）。这使得孩子更容易听从父母下达的指令。

　　这种允许孩子选择的方式，不单避免了父母一直做决定的局面，也尊重了孩子的意愿，这是让孩子学会自己做决定的第一步。我非常推荐这种方法。

　　我们的最终目标是让孩子能够在没有人下达指令的情况下完成任务。

孩子主动做出选择，因此更容易将其付诸行动。

⑤ 利用代币抑制孩子令人困扰的行为

利用代币系统获得高额奖励可以激励孩子完成日常任务。父母如果能熟练地使用代币系统，将帮助孩子实现长期目标。

以给予大的奖励作为鼓励，让孩子完成每日的任务

> 请去厕所便便哟！如果你收集齐了贴纸，就可以看一部你喜欢的动画片。

> 嗯！

> 开始
> 终点

收集贴纸和印章并用来兑换商品和折扣券，这是我们常说的代币系统。代币系统对于我们成年人来说也很有趣，因为我们既可以享受收集贴纸和印章的乐趣，也可以享受兑换奖励的成就感。

为什么不使用这个系统来奖励你的孩子的恰当行为呢？

当我的小儿子苍上幼儿园中班时，他每天回家后我都会发现他把一点儿大便拉到了裤子上。"去厕所便便哟！""苍是可以做到的！"无论我如何鼓励他都没有效果。当我问他为什么总这样时，他说他总是忙着玩游戏，所以赶不及跑到厕所就把便便拉到裤子上了。

于是我准备了一个可以贴贴纸的奖励表格，对苍说："如果你可以在厕所里便便，就在这里贴1张贴纸。如果能贴上10张贴纸，你就可以看一部你喜欢的动画片。"（注：这里的贴纸相当于代币）

当孩子失败时，不要说威胁孩子的话

我把表格贴在了苍房间的墙壁上。从采取这项措施的那天起，苍拉裤子的行为就消失了。我对代币系统的有效性感到惊喜。

为了使代币系统更加有效，在最开始使用的时候，孩子收集到了 1 张贴纸就可以立即奖励他。此时的奖励可以是一块糖果这样的小东西。通过这样的经历，孩子能体验到收集贴纸并获得奖励的成就感，然后你可以逐渐增加孩子获得奖励之前必须收集的贴纸的数量。这可以帮助孩子在理解代币系统的同时，有坚持使用下去的动力。

另外，父母也要经常与孩子沟通以确认最终目标。对于苍，我会在早上起床、去幼儿园之前、到达幼儿园这三个时间点和苍沟通确认："要去厕所便便，一旦你集齐足够的贴纸，可以看你喜欢的动画片 DVD 哟！"

即使孩子中途失败或者无法完成任务，也绝对不要对孩子说威胁的话，比如对孩子说："你为什么拉裤子？这样的话，你就不要看动画片了！"这会使孩子丧失自信心和动力，之前做的努力也就白费了。

当你的孩子失败时，请说一些鼓励他的话，让他能保持动力，例如对孩子说："太遗憾了，我们明天再试一次！"此时请记得不要在孩子的奖励表格上画叉。

孩子失败的时候如果这样应对……

啊！又拉裤子了。

为什么又拉裤子？这样的话，你就不要看动画片了！

讨厌这个……

⑥ 用隔离法让父母和孩子冷静下来

当孩子有令你难以原谅的行为时，请用隔离法让孩子平静下来。然而，这种方法如果使用过于频繁，就会变得无效。

用隔离法时父母要冷静

如果孩子做出了难以令人原谅的行为，例如随意乱扔东西，可以用一种叫作隔离的应对策略——在一段时间内剥夺孩子的自由。这个方法可以让父母和孩子都冷静下来。过去，如果孩子做了坏事，很多家庭会将孩子锁在壁橱或储藏室里让孩子反省。这也可以被视为一种隔离法。然而，应避免将发育迟缓儿童隔离在壁橱等狭小黑暗的地方，因为这些地方容易引起孩子的恐惧。

下一页介绍了 3 种有效的隔离法。

下面的案例，是父母对屡次殴打妹妹的哥哥采取隔离法，你可以从中学到具体的语言沟通方法。

首先，对哥哥进行提前告知很重要："如果你再对妹妹施暴，你将被隔离。"使用隔离法时，请平静地告知他："因为你对妹妹施暴了，所以要对你进行隔离。"直到孩子平静下来之后再实施隔离。请注意，在这时不要有任何情绪化的语气。在孩子平静下来后，要时不时地抚摸孩子的头，对他说："你平静下来了。"

隔离的目的是让孩子冷静下来，而不是惩罚。当父母表现得情绪化时，惩罚的意味就会变强，孩子可能强烈反抗或变得懦弱。

另外，如果频繁地使用隔离法，孩子就会习以为常，隔离的效果也会逐渐消失。该方法原则上只适用于孩子有对他人造成伤害或给他人带来极大不便等行为时。

"进壁橱里！"虽然这是隔离法的一种，但……

3 种有效的隔离方法

1 走到孩子身边下指令

把孩子带到另一个房间，让他一个人待着。当孩子与父母分开并且环境发生变化时，他能慢慢冷静下来。当孩子平静下来时，走过去给他一个拥抱，并表扬他能够平静下来。要注意，如果房间里有孩子喜欢的玩具、绘本等物品，会影响隔离法的效果。

2 与孩子分开，父母冷静下来

如果你很急躁并想打孩子，请离开孩子，去洗手间或其他房间，先让自己冷静下来。在房间里从里面锁上门，保持安静，直到你感到舒服为止。请先冷静下来再出去面对孩子吧！体罚可能让亲子之间的冲突升级。父母在情绪激动时，需要时间自己先冷静下来。

3 轻轻按住孩子的胳膊肘

如果孩子抵抗较强烈，可以到孩子身后，轻轻按住孩子的胳膊肘。如果你试图从前面抓住孩子，他很可能踢你或与你目光对视。看着孩子愤怒的眼睛，父母也容易情绪化，因此在孩子身后冷静地采取措施很重要。

⑦ 做好提前警告，孩子违反的话会受到惩罚

这是对孩子不良行为的另一种应对策略。但此策略实施的前提，是与孩子建立了良好的亲子关系。

应对乱扔东西的不良行为

如果你的孩子屡次做出不当行为，可以采取一种应对策略即对孩子进行提前警告，告诉他违反的话会受到惩罚。

我负责干预的小 B 有随手乱扔东西的坏习惯，包括扔盘子和收音机之类的易碎物品。

他的母亲每天都很痛心："如果他继续乱扔东西的话，我不知道这个孩子将来会是什么样子？"

接受了小 B 妈妈的咨询后，我来到了小 B 家里，观察他的情况。当发现小 B 坚持整天开着电视之后，我对他发起了提前警告："下次你乱扔东西，我就关掉电视。"（警告时不要表露出你的情绪，只需要平静而简单地陈述。）

过了一会儿，小 B 开始扔桌子上的糖果和杯子，我立刻按照之前对他的警告关掉了电视。

虽然一开始小 B 哭着反抗，但当我设置了 1 分钟定时器并说"等它响起时，我就打开电视"，他就可以忍耐到定时器响起。经过几次警告和关掉电视的惩罚后，小 B 不再乱扔东西了。

为了应对问题行为，首先要建立良好的亲子关系

之后，通过使用 ABA 的语言沟通策略，小 B 的语言能力得到了提高，能够表达自己的意图。另外小 B 的妈妈在他乱扔东西时，继续对他使用前面介绍的隔离法（第 85 页），小 B 乱扔东西的行为几乎消失了。

当孩子违反警告时给予的惩罚，最好是剥夺他想做某件事或得到喜欢的东西的权利。成功的关键在于只在短时间内施加惩罚——最长以一天为基准。如果时间太长，孩子的反抗可能更加强烈，问题行为也可能进一步升级。

另外，如果孩子对惩罚有很强的抵触，就像我对小 B 所做的那样，可以使用计时器从短时间开始。

但是，当孩子反复表现出问题行为时，父母脸上很难露出笑容。但如果你脸色可怕且一直抱怨或发出指令，就会影响隔离和警告的效果。

即使父母对孩子的问题行为很烦恼，也要注意不要忽视第四章中介绍的"建立良好的亲子关系"。如果父母微笑变多，孩子也会有更多的笑脸。在我遇到的很多案例中，都是孩子的内心得到满足，问题行为自然就减少了。

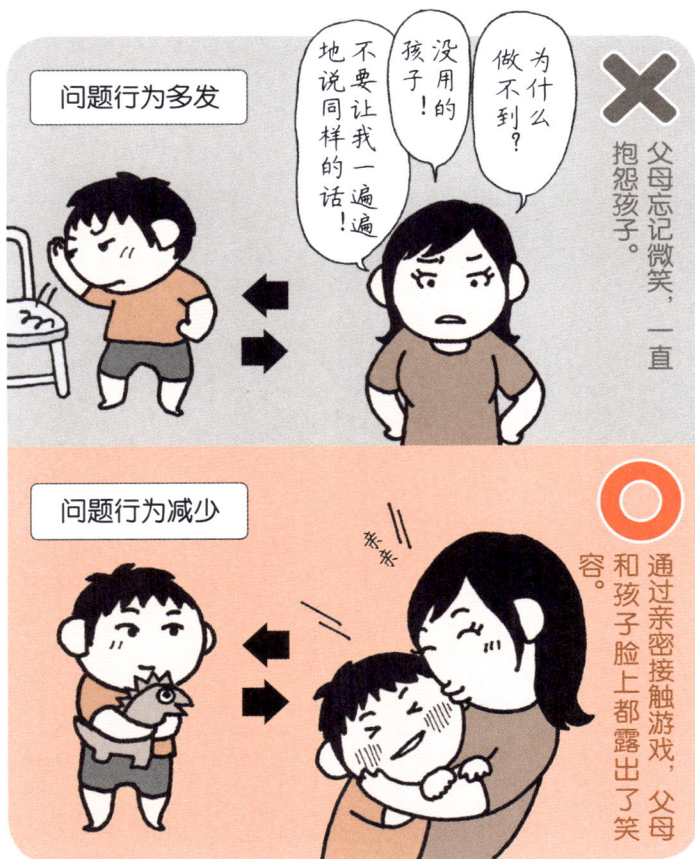

问题行为多发

为什么做不到？

没用的孩子！

不要让我一遍一遍地说同样的话！

✕ 父母忘记微笑，一直抱怨孩子。

问题行为减少

○ 通过亲密接触游戏，父母和孩子脸上都露出了笑容。

你会向孩子提问吗?

👧 "今天学校午餐吃的是什么?"

👦 "咖喱。"

👧 "课间休息的时候玩什么了呢?"

👦 "捉人游戏。"

👧 "你的家庭作业是什么呀?"

在对孩子问问题时,你是否变成了这样单方面的提问?

这样实在称不上是什么愉快的对话。

如果孩子对第一个问题回答"(吃了)咖喱",请你重复孩子的话"哇,吃了咖喱啊",做个铺垫然后问"真好啊,好吃吗?"如果进一步询问,对话就会很顺利地进行下去。

有些孩子很难回答"今天学校午餐吃的是什么"这个问题。这时可以用答案是"是或否"的问题询问孩子,例如"今天学校午餐吃的是米饭(面包)吗?"。接下来再询问孩子"那吃了什么配菜啊?"。如果孩子不能回答这个问题,可以换成二选一的选择题,例如"配菜是肉还是鱼?",或者换成"你吃蔬菜了吗?之后再询问"你吃了什么蔬菜?"这种更详细的问题。

向孩子提问时一定要始终保持微笑。另外,当孩子不想回答时,请避免出现"没有回答哟!请告诉我!"这样情绪化的语言。如果孩子不回答就不要再继续追问了,可以改成聊聊你自己过去做事失败的经历。让孩子向你提问也是一个好主意。如果孩子无法说出问题,父母可以替代孩子询问"妈妈,你午饭吃什么?",并让孩子模仿。

吃饭的时候进行这样的对话,你和孩子都会感到轻松,亲子之间的谈话氛围也会更融洽。请关掉电视,享受你和孩子之间的亲密对话吧!

第七章

日常生活中多个场景下
的语言互动方法

✕ 你错过与孩子语言互动的机会了吗?

啊！又洒了！都是因为你不专心吃饭！

利用日常生活中的每一个场景

与孩子进行语言互动

每天在和孩子的接触中，如何抓住每一个与孩子进行良好的语言互动的机会呢？

有些父母会认为为了培养孩子的能力，在语言互动方面必须做一些特别的事情才行。

然而，正如我到目前为止所介绍的，在日常生活中，从早上起床到晚上睡觉，我们有很多与孩子语言互动的机会。凡是与孩子有关的事情，比如吃饭和玩耍，都可以利用起来发展孩子语言和思维能力。

重要的是不要错过这些机会，根据情况与孩子做恰当的语言互动。在这一章中，我会介绍如何抓住各种机会和孩子进行语言互动。

比如，孩子吃饭时把汤洒了，父母如果一边埋怨孩子"啊！又洒了！都是因为你不专心吃饭！"，一边赶紧收拾残局，就没有机会和孩子进行语言互动了。而且，父母和孩子都会产生不愉快的感觉。

孩子失败的时候，恰是进行语言互动的机会

那么，接下来父母应该做什么呢？这里以一个还不太会说话的孩子为例。

首先，父母微笑着说"哦？"，并用手指着汤洒了的区域引起孩子注意（共同注意力，第 50 ~ 51 页）。接下来，问孩子"汤洒了，应该怎么办？"，给孩子一些时间思考。之后对他说"擦干净就好了，拿一下抹布"，并让你的孩子拿起抹布（如果孩子不知道什么是抹布，请从背后辅助，引导他走到放抹布的地方）。

当孩子拿来了抹布，请一边做擦拭的动作，一边对孩子说："谢谢，擦一下吧。"（如果孩子对"擦一下"没有反应，请将你的手放在孩子的手背上进行动作辅助）。孩子擦完桌子后，请以赞扬的语言结束对话："桌子变得干净了！谢谢！"

怎么样？让你的孩子思考如何自己善后，能创造出各种与他们进行语言互动的机会。

重要的是父母要始终意识到一些问题，例如"在这种情况下，我该怎么做才能让孩子说话？"，以及"为了让孩子思考下一步要做什么，我需要说什么？""孩子失败的时候正是一个机会"……如果你积极地抓住这些机会，你对孩子问题行为感到恼怒的情况就会减少。

✖ 你是否没等孩子提出要求就先满足他?

成为幽默的父母,引导孩子提出要求

父母过于殷勤的行为会对孩子的语言发展产生负面影响。佯装愚笨引出孩子的要求(引导孩子说出请求语言),是明智的做法。

在培养孩子的语言能力和思维能力方面,很多父母会猜测孩子想要的东西或想说的话,这种看似"体贴"的行为,可以说是不恰当的(会对孩子的语言发展产生负面影响)。这是因为孩子如果不需要用语言表达自己的意图就可以得到自己想要的,他就会觉得不需要说话。

为了提高孩子的语言能力,你需要假装自己是一个无知的家长,让孩子觉得自己必须开口说话你才能理解他的意图。

在我接触ABA之前,我也因为认为"空无论如何也不理解我的语言",就会习惯性地主动回应他的要求。有一天,空看着桌子上盒子里的糖果,好像想要吃,当我从盒子里拿出来递给他时,在旁边的一位年长的亲戚惊讶地问我:"哦?你不让他说'给我'吗?"我这才幡然醒悟。

从那之后,每当我给空糖果时,就让他说"给我",然后一次给他一点儿。后来我才了解到诸如"给我"或"拿走"之类的请求语言属于提要求的语言,我给空做的就是提要求训练——可以提升他的语言能力。

父母假装不懂孩子的意思，引导孩子提要求

右边的插图是引导孩子提要求的例子。即使你察觉到孩子是想要架子上的玩具，也请歪着头指着玩具问："怎么了？""嗯？"接下来，用"拿"这个词提示孩子。对可以说"拿"的孩子，父母可以询问："当你想要某样东西时，要说什么？"

或者父母故意指一些并非孩子想要的物品，这也是一个好方法。请看下面的示例。

😊 "是这个吗？"

🙁 "不是。"

😊 "那么是这个吗？"（指着孩子想要的那个物品）

😐 ……（确实是这个，但不知道如何回答）

😊 "是。"（提示孩子应该做的回答）

🙂 "是。"

😊 "你说得好，那我再问你一遍，是这个吗？"

😄 "是。"

一点建议

有了这一招，让我们积极地引导孩子提要求吧！

将孩子最喜欢的玩具或糖果放在透明的塑料盒中，让他看得到但拿不到，并鼓励他说出"拿！"或"给我！"，让孩子体验通过语言（孩子还不太会说话的情况下让孩子发出声音）可以得到他想要的东西，这是教孩子用语言提要求的基本方法。

简单有效的语言互动诀窍 ①

介绍更多用于提高孩子沟通能力的语言互动方法，这些方法可以应用于日常生活中的各种情况。

首先，让孩子知道发声的乐趣

❶ 模仿孩子的语言和动作

例如，你的孩子敲着桌子说"啊"，你也可以试着模仿一下。这个方法适合那些还不太会说话的孩子。借由体验到父母模仿自己的动作和声音（共享体验），孩子可以感受到发声的乐趣。透过此方法，也可以让孩子在与父母玩耍时因为欢乐气氛的影响与父母进行眼神对视。

❷ 用"孩子的话"来表达孩子的行为和感受

当孩子做某件事时，父母代替孩子说出孩子的行为和感受。

例如，你的孩子正在爬滑梯，你可以有节奏地说："上，楼梯。上，楼梯。"跟随孩子的动作，说出他现在在做什么，就好像你把这些话输入孩子的大脑一样。

如果你的孩子爬上台阶并向下看，请代入孩子的角色喊"高……"。这时，父母应避免添加不必要的词语，例如"高……是吧"。

1
啊啊……
啊啊……

2
上楼梯的时候
上，上，楼梯。

到了上面的时候
高……

"实时描述"的关键是有节奏地重复名词

孤独症儿童甚至可能只记住"是吧",并养成不正确的遣词造句的习惯。使用这个方法的关键是用孩子应该说的话来表达孩子的感受。

❸ 实时描述父母的感受和行动

父母向孩子实时描述自己的行为,借由将动作与语言联系起来,可以扩大孩子的词汇量、提高孩子与人对话的能力。

所以,首先要引起孩子对父母行为的关注。例如,孩子想喝果汁时,父母按照孩子的意愿行事,把果汁倒入玻璃杯中,那么孩子注意到父母的概率就会增加。

你可以说"果汁要倒进去喽",然后重复你想让孩子学说的话,如"这是什么?是杯子,杯子"。如果这时你上下移动手指并有节奏地重复这些话,孩子就会更容易记住。

接下来,请一边指向果汁一边确保孩子在关注着果汁,然后重复说"这是什么?是果汁,果汁"。此时,稍微等待一下再说"果汁要倒进去喽",然后将果汁倒入杯子中。倒完后,指着杯子说"果汁倒进去喽!"

跟孩子说话时,要注意每个字之间都要停顿大约 1 秒。这样做的效果是突出每个单字,并让孩子更容易理解。

简单有效的语言互动诀窍 ②

这是使用语言互动提高孩子沟通能力的另一种方法。父母在孩子说的话中添加新信息，对话内容就会更丰富。

如果孩子已经有语言，请尝试帮助孩子扩充词汇量

❹ 添加新信息，扩展孩子说的句子

以下推荐的方法适合有一定词汇量的孩子。

例如，一个孩子指着一辆移动的汽车说"车！"（名词），妈妈可以用两个词回应："车，来了！"（名词＋动词）如果孩子说"车，来了"，妈妈可以再添加信息回应他："红色的车，来了。"（形容词＋名词＋动词）。说话时添加不同词性的新词，起到了扩展孩子掌握的词的种类、提高词汇量的作用。此外，你可以使用此方法来引导孩子提要求（第 92 ~ 93 页）。当你的孩子要"点心"时，不要立即给他，而要提示"给我，点心"。等孩子说出"给我，点心"时，父母再给予孩子点心并说"好的，给你"。

车，来了。

红色的车，来了。

蝴蝶！

蝴蝶，落在花上。

学会与孩子语言互动的第一步是仔细观察孩子

❺ 使用从未使用过的语句来交流

这也是一种利用孩子之前说出的句子继续进行语言互动的方法。

如果孩子看到蝴蝶飞向花朵并说"蝴蝶"，请父母尝试添加新词并使其变成一个句子，例如，🙎"蝴蝶落在花上。"

这个方法的关键是要对孩子的话及时做出回应，不要错失良机。在对话中提出问题，并让孩子自然地重复父母所说的话，这也是有效的。例如，可以提出以下问题。

👦 "花。" → 🙎 "美丽的花。"

🙎 "什么花？" → 👦 "美丽的花。"

如果这样的语言互动持续下去，孩子就容易对与人交流产生兴趣，并逐渐能够与他人进行更复杂的对话。

日常生活中与孩子语言互动的要点

1. 不要认为语言互动没有用

不要认为"反正这个孩子怎么也听不懂"，要耐心地与孩子交流。父母要保持积极的心态，你可以想象孩子掌握的词只是收纳在大脑中的"抽屉"里，总有一天这些词会涌出来激发出语言。

2. 使用符合孩子能力水平的语言互动方法

如果父母无计划性地与孩子对话，孩子是无法接收到父母想传达的意思的。观察孩子的反应，尽量不要说太多的词，要与孩子的语言水平相匹配。

3. 时常观察孩子的视角

当孩子关注某件事、经历某件事或感受某件事时，是和他进行语言互动的好时机。密切关注孩子非常重要，这样就不会错过与孩子进行语言互动的时机。最重要的是，观察孩子当前正在关注什么，并使用与其相匹配的语句。

4. 无须添加额外词语来辅助

当使用语言辅助描述孩子的感受和行为时，避免添加不必要的词。当孩子想再玩一次同一个游戏时，父母往往会说："再玩一次，好吗？"然而，孤独症儿童经常模仿最后一句话或一个词，比如"好吗？"这时父母只需提示孩子应该说的话，例如："再玩一次！"

📋 **一点建议**

如果孩子说错了，不要直接否认，而要不经意间笑着纠正。

当孩子说错话时，不要板着脸否认，说"你错了"，或者问"你刚刚说什么？"。例如，如果孩子错误地说"推开（电视）"，请微笑着跟他说："不是哟，是打开电视。"然后，父母说"打开"进行语言辅助，并让孩子重复说"打开"。

孩子如果不断因为自己的错误而受到批评，就会变得讨厌说话。所以，首先要认可孩子说话这件事。如果在父母纠正后孩子说了正确的词，就要表扬孩子说："说得很好哟！"

试着洗手吧 ①

请让孩子在洗手间洗手。在这类日常活动中，可以使用什么样的语言呢？让我们分三个部分来思考。

你是否在帮助孩子洗手时沉默不语？

　　带孩子去洗手间、让他洗手——即使在每天都要重复的动作中，父母也有很多机会和孩子进行语言互动。

　　对于洗手这件事，你是否注意到这是与孩子进行语言互动的好机会，还是认为"反正孩子也听不懂，所以没有必要和他说话"？首先，我们将带孩子洗手的动作分解为3个部分：1）带孩子去洗手间；2）让孩子打开水龙头，用水冲手；3）用肥皂给孩子洗手。在下一页中，我展示了一位妈妈与她几乎不会说话的孩子进行语言互动的场景。关键是要用语言引导孩子，让他思考下一步要采取什么行动。洗手这个动作，看似简单但步骤复杂，是培养孩子独立的绝佳"教材"。

能让孩子思考下一步行动的语言互动

1 带孩子去洗手间

首先，你可以对孩子说"让我们洗手吧"，然后轻推孩子的背，与孩子一起走向洗手间，边走可以边说："洗手间，在哪里？洗手间，在哪里？"到了洗手间后，问"这是哪里？"你可以自问自答道"洗手间"。没有必要强迫孩子说"洗手间"。

> 洗手间，在哪里？洗手间，在哪里？

2 用水冲洗

从孩子的身后用语言辅助孩子说"打开水喽"，并引导孩子将手伸到水龙头处打开水。当水流出来时，指着说："水，出来了！"接下来，让孩子洗手，从孩子身后辅助他"冲手喽"。孩子洗完后，你说"关掉水"，并辅助孩子关掉水龙头。

> 打开水喽。

3 用肥皂清洗

问孩子"接下来怎么办？"，并给他一些思考的时间。如果孩子没有回应，代替孩子回答"拿肥皂"。接下来，你指着肥皂问道"这是什么？"，停顿一下回答"肥皂，肥皂"。随后在孩子后面一边高兴地喊道"抹肥皂，搓泡泡，抹肥皂，搓泡泡"，一边提示孩子将肥皂放在手上搓出泡沫。

> 抹肥皂，搓泡泡，抹肥皂，搓泡泡。

试着洗手吧 ②

对于有一定语言能力的孩子，有一种方法是有效的：父母可以先喃喃自语，说出孩子应该说的话或给孩子暗示，然后再引导孩子说话。这种方法称为"喃喃自语式提示"。

例如，在带孩子去洗手间之前，"去洗手间洗手吧？"说完立即问孩子"在哪里洗手？"，并引导孩子说出答案——"洗手间"。当到达洗手间时，让孩子打开灯，"灯亮了！"说完立即问孩子"发生了什么事？"

接下来，"如果关掉灯会发生什么？""试着关掉灯吧。"让孩子关掉开关。之后，不断喃喃自语，"关掉灯，会变黑。"然后问孩子"发生了什么？"如果能引导孩子说出"变黑"这个词，就成功了。

这是与孩子一起洗手时进行语言互动的具体示例。如果父母善于使用辅助、开动脑筋提问题，孩子就可能给出理想的回答。

一点建议

当孩子反应较差时，使用"麦克风"策略。

如果孩子没有按预期响应你的"喃喃自语式提示"，请尝试捏起拳头当作麦克风和孩子说话。当问到下一个问题时，将"麦克风"伸向孩子，激发孩子回答的欲望。

一旦父母的"喃喃自语式提示"引出了孩子的话语，下一步就是确保即使没有提示，孩子也能说出正确的话语。

当孩子去洗手间时，首先问孩子"应该去哪里洗手？"如果孩子回答了"洗手间"，请立即表扬孩子，使用强调正确的语言，比如"对了！"

到了洗手间后，让孩子按下灯的开关，指着灯问孩子"会发生什么？"并引出孩子诸如"亮了"或"变亮了"之类的回答。

对于这个能力水平的孩子，父母要注意与孩子对话时，句子的结构必须完整，比如要说"擦干手"。虽然单个字例如"擦"，孩子说起来更容易，但如果孩子只是做到这种程度就给予赞美，孩子可能无法学会说完整的句子。

例如，可以在问"接下来做什么？"之后，继续追问孩子"接下来做什么？"；或者在擦好孩子的手后，指着孩子的手问"接下来怎么样？""擦干（手）。"

一个有效的方法是将孩子正在学习的句子进行切割，父母说出句子的前半部分，让孩子说出后半部分。这也是一种给予辅助的方法。

另外，对于有步骤的行为，每个步骤完成后都要问"下一步怎么办？"，让孩子养成自己思考下一步应该做什么的习惯也是很重要的。

我们去散步吧

散步是发展孩子共同注意力的绝佳机会。可以试着逐渐增加散步距离，让孩子接收到更多的外部刺激。

设定小目标，逐渐增加散步距离

发育迟缓儿童的父母倾向于让孩子待在家里，他们担心如果孩子在外面出现发脾气等问题行为，别人会用异样的眼光看待自己的孩子。

但是，带孩子出门，通过各种经历与孩子进行语言互动、身体活动，对促进孩子的大脑发育大有裨益。光是在家周围走动就能给孩子带来很多与他人语言互动的契机。

对于不喜欢散步的孩子，可以采取以下将总体目标细分的方法帮助孩子。

例如，活用 10 秒计时法（第 64 ~ 65 页），"数到 10 就完成了哟！"，或者一边和孩子走路一边数着 "1、2、3……"。当你的孩子走到 10 时，表扬他，说："太棒了！"如果孩子非常讨厌走路，那就对孩子说 "今天就到这儿吧"，然后返回家中。第二天，重复使用 10 秒计时法散步 3 次，逐渐增加散步的总距离。

也可以将散步拆解成一个个小目标。例如，"走到电线杆那儿去吧！"当孩子走到电线杆时表扬他，并设定下一个目标。偶尔也可以添加一些小变化以增加乐趣，例如，对孩子说 "倒着走" "数到 5 就停下来" "停！" 和 "跑" 之类的话。因为穿插了变化，孩子可能更享受散步。

如果途中孩子想让你抱他，请让他说 "抱抱"，或者蹲下来代入孩子的角色帮他说出 "抱抱"。在这里也可以活用 10 秒计数法，例如，"抱到 10 就下来哟。" 这样你就不用一直抱着孩子了。

如果可以重复执行 "完成了目标距离就称赞" "散步途中也称赞" 这样将目标细分的方法，孩子慢慢地在散步时就可以走更远的距离了。

散步也是培养孩子共同注意力的机会。使用第 50 ~ 51 页中的语言互动方法来吸引孩子的注意力，让孩子观察散步途中看见的动物、植物、汽车、飞机、邮筒等。

另外，与孩子边散步边进行语言互动，可以刺激孩子的感官，父母所说的语言也更容易被孩子记住。请参考下一页的方法，根据孩子的兴趣和发育程度来设计适合孩子的语言互动形式。

走到电线杆那儿去吧！

利用具有标识性的物体作为地标，为孩子设定散步的小目标，然后逐渐增加散步的距离。

边散步边进行语言互动和感官刺激

1 询问物体的名称并让孩子触摸它

　　散步途中指着看到的树，问孩子："这是什么？"如果孩子没有说出答案，请用"树"提示孩子，再让孩子重复说"树"。孩子一旦习惯了这种方式，不仅可以进行简单的仿说，还可以通过触摸树达到刺激感官的效果。通过实际的触摸，孩子更容易将物体和物体的名称联系起来。

2 触摸物体后让孩子回答问题

　　除了询问"这是什么？"之外，还可以询问孩子"××在哪里？"，以增加提问形式的多样性。例如，问孩子"树在哪里？"，然后和孩子一起向树靠近。当孩子指着一棵树时，鼓励他触摸树，并对孩子说："是的，这是树哟！"

3 代替孩子表达他的感受

　　在步骤1和2中，当孩子触摸树时，可以添加代表孩子感受的词，例如，抬起头说"好高"。或者，当孩子准备从滑梯上滑下来时，可以说"滑喽"；当孩子滑的时候，可以说"滑下来喽！"；当孩子看起来很开心时，可以说"好有趣"。就这样试着与孩子一起感受吧。

103

和孩子一起烹饪吧

烹饪对于提高孩子的能力有很多好处。不要认为『我家的孩子不行』，从他能做的事情开始尝试吧。

通过烹饪激发孩子的好奇心，寓教于乐

烹饪很容易引起孩子的兴趣，而且在烹饪过程中，食材性状会发生变化，这也能唤起孩子的好奇心。更重要的是，最后能够吃掉自己做的食物对孩子是一种很好的强化，可以增强孩子的行为动机。

与父母一起做饭，不仅可以培养孩子对事物的观察能力和模仿能力，而且还可以通过共同经历（配合父母烹饪）来提高他的社交技能。

烹饪有固定的步骤，可以培养孩子的规划能力。父母用语言互动引导孩子，让他思考如何安排烹饪顺序，例如，"接下来呢？"或"然后呢？"

让孩子烹饪的好处

提高社会性

培养模仿能力和规划能力

习得和感官有关的词语

理解"模糊概念"

另外，通过调整食物的口味，可以让发育迟缓孩子体验难以理解的"再来一点儿""多一点儿"等模糊概念。此外，借由食物的气味和质地对感官的刺激，可以帮助孩子学习和理解诸如"软""黏""辣""甜"和"闻起来好香"等和感官体验有关的语言。

和孩子一起烹饪有上述如此多的优点，但父母往往因为"这很危险，因为烹饪需要使用火和刀""我家孩子绝对做不来这些事情"等原因而不做尝试，这就太可惜了。当然父母需要充分考虑安全方面的问题。请让孩子从他能做的事情开始，和孩子一起享受烹饪的快乐吧。

在下一页，我们展示了一些与孩子一起烹饪时语言互动的示例，以及制作煎鸡蛋卷的具体步骤。

烹饪时的语言互动——制作煎鸡蛋卷的具体步骤

1 打鸡蛋

👩 "打鸡蛋。""敲一敲。"

👩 （一边从背后提示孩子做动作一边说）"打鸡蛋。"

👩 "打……"（再次用语言引导）。

👦 "鸡蛋。"

对于还无法用语言进行表达的孩子，我们要努力让"打鸡蛋"这个词组存入孩子大脑中，并且抱着积极的态度，期待总有一天孩子能够主动表达出来。不必强迫孩子说出整个词组，只要他能在父母重复几次之后能说"打"，就可以表扬他一下。

2 加酱油

👩 "下一步你要怎么做？"

👩 （停顿一下让孩子思考，然后提示）"加酱油。"

👩 "接下来怎么办？"

👦 "加酱油。"

👩 （指着酱油容器）"这是？"

👩 "酱油。"（提示正确答案）

👦 "酱油。"（如果到目前为止一切顺利，请继续）

👩 "是的！"

👩 "再采一次。""这是什么？"

👦 "酱油。"

👩 "回答正确！"

👩 （从背后提示孩子，在打好鸡蛋的容器中加入酱油）"加酱油。"

👦 "加酱油。"

3 让孩子尝一下酱油的味道并搅拌

👩 "酱油什么味道？"（停顿片刻，让孩子思考）

👩 "让我们舔一下。"（让孩子舔一下酱油）

👩 "咸。"（当孩子舔酱油时，代替孩子说出酱油的味道）

👩 "酱油什么味道？"

👦 "咸。"（如果一切顺利，继续进行对话）

👩 "是的。"

👩 "接下来，应该做什么？"（停顿一会儿，让他思考）

👩 "搅拌。"（提示正确答案）（一边和孩子一起搅拌鸡蛋，一边再次提示）

👩 "搅拌。"

👦 "搅拌。"

和孩子一起烹饪吧——进阶版

即使烹饪煎鸡蛋卷这样简单的食物，父母也可以与孩子进行丰富多彩的语言互动。和孩子一起享受对话的快乐吧。

有意识地让对话变得"有来有往"

对于有一定语言理解能力的孩子来说，通过引导孩子完成煎鸡蛋卷的制作，尝试与他进行一些复杂的语言互动。下一页有两个对话示例。

最初阶段是让孩子重复父母的提示，进阶阶段是有意识地让对话变得"有来有往"。在进阶阶段，教导孩子在无法回答问题时说"不知道"，或者询问他人。

即使孩子的答案是错误的，也不要直接否认说"不对"，而是要不断提出问题并引导孩子说到正确的答案。

事实上，你和孩子可能进展得不这么顺利，但通过从不同角度提出问题，孩子的词汇量和对话技巧都会提高。

此外，烹饪是教授孩子数字概念的好途径。一旦你和孩子的对话开始顺利进行，请尝试提出如下问题。

"有 3 个鸡蛋，如果打破 1 个，还剩下多少个？"→减法。

"每个人吃 3 根香肠。因为我们有 3 个人，那么我们总共应该拿出多少根香肠呢？"（和孩子一起，一边数一边从袋子里拿出香肠）→加法和乘法。

"汉堡排有 8 个，分给 4 个人，每人能吃多少个？"（分装在盘子里）→除法。

另外，让孩子试着称量糖 100 克，牛奶 150 毫升，可以帮助孩子了解重量和容量的概念。

一点建议

通过烹饪卡片和笔记提高孩子的能力。

按照某道菜肴的烹饪顺序拍摄照片，制作成步骤卡。随机打乱并让孩子按正确的烹饪顺序重新排列卡片。让孩子在享受游戏乐趣的同时，学习烹饪顺序和理解排序的概念。另外，请让孩子一边看卡片一边说明烹饪方法。引导孩子按照步骤构建一个故事，能培养孩子解释和组织故事的能力。准备一个烹饪笔记本，让孩子一边回忆之前的烹饪过程，一边记录下配料和步骤，这也是不错的方法。

通过从不同角度提问来提高孩子的对话技巧

对话示例 ① ·····

👩 "打鸡蛋喽！""鸡蛋……"
👦 "打蛋。"
👩 "下一步是什么？"
👦 "……"
👩 "不知道的时候应该说什么？"
"我不知道。（我不会！）"
👩 "那问问妈妈，接下来做什么。"
👦 "接下来做什么？"
"加酱油。"
👦 "加酱油。"

👩 "对啊。""酱油是什么味道的？"
👦 "甜的。"
👩 "那我们舔一下。"（孩子舔酱油）
👩 "什么味道？"
👦 "咸的。"
👩 "对了！酱油……"
👦 "咸的。"
👩 "加酱油。"（孩子加酱油）
👩 "接下来我们做什么？"
👦 "搅拌。"

↗

对话示例 ② ·····

👩 "想吃煎蛋的人……"（让孩子举手）
👩 "我们一起做煎鸡蛋卷吧。"
👦 "好的。"
👩 "做饭之前，要做什么？"
👦 "洗手。"
👩 "对了。"（一起洗手）
👩 "在哪里做煎鸡蛋卷？"
👦 "厨房。"（一边哼着他知道的烹饪节目的主题曲，一边走向厨房）
👩 "做煎鸡蛋卷需要什么？"
👦 "鸡蛋，酱油。"
👩 "鸡蛋，在哪里？"
👦 "冰箱里面。"
👩 "没错！需要多少个鸡蛋？我们 3 个人，一人 1 个的话？"
👦 "3 个。"
👩 "对了。""蛋是谁下的？"
👦 "小鸡。"
👩 "真可惜！"
👦 "母鸡。"

👩 "成功！""好吧，我们打鸡蛋吧。太郎现在要做什么？"
👦 "打鸡蛋。"（孩子打鸡蛋）
👩 "太郎，你刚刚打了一个盘子。"（故意说错误的话来激发孩子的语言能力）
👦 "不，是鸡蛋。"
👩 "啊，是啊！""接下来做什么？"
👦 "加酱油。"（让孩子加酱油）
👩 "刚才做了什么？"
👦 "加了酱油。"
👩 "对了。""接下来该做什么？"
👦 "搅拌。"
👩 "搅拌，要用什么？"
👦 "筷子。"
👩 "成功！"（省略中间步骤，将鸡蛋液倒入煎锅中，发出滋滋声……）
👩 "哇，看起来很好吃。"
👦 "看起来很好吃。"
（最后用文字表达一下父母和孩子的这次共同体验）

↗

用餐时的语言互动 ❶

在愉快的用餐过程中，父母与孩子有很多可以交流的机会。例如，只是让孩子帮助准备餐桌，就可以开展各种各样的互动。

✕ 用餐时是否都是安静地度过？

吃饭的时候，所有菜都端上来之后，说"我们吃饭吧"，你和孩子有这样的语言互动吗？你有没有发现，吃饭时除了你对孩子的唠叨之外，你们几乎没有什么对话？

吃饭这件事，包括事前准备在内，有很多与孩子进行语言互动的机会。错过这些机会就真的是太可惜了。

首先，邀请你的孩子帮你准备饭菜，并使用语言和行为辅助他。因为进食可以帮助我们获得满足感，所以让孩子在吃饭时提供帮助很容易调动他的积极性。

不要认为"让孩子帮忙是不行的""我自己做会更快"，请让孩子试着做一下。一开始孩子可能需要一些辅助，但请使用下一页的示例作为参考，并让孩子养成帮助他人的习惯。

📋 **一点建议**

吃饭时要微笑并进行愉快的语言互动。

"民以食为天。"为了不让孩子在吃饭时感到有压力而讨厌吃饭，请努力营造愉快的用餐氛围吧！最重要的就是父母要保持脸上的笑容。如果父母感到厌烦，请先停止对孩子的训练。

一边让孩子提供帮助，一边教授他与餐桌相关的语句

对孩子说"要吃饭了，请帮一下忙"，引导孩子去厨房。接下来，指向叉子，确保孩子集中注意力，对孩子说"这是什么？叉子，叉子""给你，叉子"，并将叉子递给孩子。（如果孩子对辅助的反应较差，父母用手拿起叉子，一边让孩子看一边说"叉子"。）

接下来，对孩子说"拿过去"，然后从孩子身后轻轻推孩子向餐桌移动。从孩子背后伸出手轻轻敲击桌子，提示说"放在桌子上""桌子"，同时用手辅助孩子把叉子放在餐桌上。

当孩子把叉子放在餐桌上时，请对孩子说"谢谢""下面该端米饭了哟"，然后与孩子一起走回厨房。一边给出与之前相同的提示，一边让孩子把盛着米饭的碗端到餐桌上。

当一切准备就绪坐下来准备用餐时，问孩子："吃饭时应该说什么？"短暂停顿后，双手合拢说"我开动了"，然后让孩子模仿你的动作。对于会说话的孩子，让他双手合十并说"我开动了"。[1]

如果父母能以这种方式（通过对话和行动进行辅助）引导孩子，孩子可以体验到帮助他人的喜悦，从而极大地增强了自信心。

---

1 译者注：日本的餐桌礼仪，人们在吃饭之前常会说："我开动了。"

用餐时的语言互动 ②

『mand』（提要求）是向别人传达请求或拒绝的重要语言。如果在吃饭时愉快地对孩子进行引导训练，会很有效果。

诸如"给我""拿走"和"不"之类的请求语言被称为"mand"（提要求）。通过教孩子这些词，他会了解只要主动表达就能将自己的请求传达给对方，自发语言也会增加。"吃"的欲望最容易激发孩子提要求，因此在进餐时训练孩子提要求是很合适的。

在开始训练之前，先将每道菜分成若干小份，放到小碟子里，然后带孩子反复练习。

❶ 引导孩子练习说"给我"

一旦孩子感到饥饿，就要先将装有食物的小碟慢慢拿到离孩子较远的地方（一定要面带微笑做这个动作）。当孩子想要拿起装有食物的小碟时……

"想要东西时要说……"
"给我。"（一边做"给我"的手势一边说话）

"给我。"

如果孩子此刻没有出声，但之前能发出"啊"的声音，请在说了"给我"之后再说"啊"，并让孩子模仿"啊"。

如果孩子能够模仿并发出声音，妈妈可以说"说了'给我'了，真棒！""给你"，然后把碟子给孩子。

漫画对话：

想要东西时要说……
给我。

给我。

给我。
啊！
啊！

说了'给我'了，真棒！
好的，给你。

用点头和摇头的姿势教导"要"和"不要"

❷ 练习说"是"（表示赞同的语言互动）

首先，像步骤 ❶ 一样，妈妈微笑着把孩子跟前的碟子移开。当孩子试图拿起装有香肠的碟子时……

👧"想要香肠吗？" 👩"是。"（代替孩子说他应该说的话）此时父母需配合"是"的声音夸张地做出点头动作（对于某些孩子来说，一边说"是"，一边像鞠躬一样慢慢地弯腰更容易模仿）。

👩"想要某样东西时，要说'是'。" 👩"是。"（一边点头一边说并等待孩子模仿点头）此时，若有人在孩子身后辅助效果更好。

❸ 练习说"不"

事先准备一个小碟子，在里面放上孩子不喜欢吃的食物（例如西红柿）作为小菜。

👩"给你，西红柿。"并且微笑着把碟子送到孩子的嘴边。

孩子转过头去的那一刻，妈妈一边摇摇头一边说"不"。👩"当不要时，说'不'。"

👩"不。"（向孩子展示摇头的动作，鼓励他模仿；或者当妈妈说"不"时，爸爸从身后辅助孩子，让孩子摇头）。

👩"哦，不要西红柿啊！"（或"不喜欢西红柿啊！"），并将那一小碟西红柿拿走。

用餐时的语言互动 ③

利用孩子对食物的渴望进行语言互动，来教孩子物品的名称。在进行提要求训练的同时教授孩子物品名称，能够扩大与孩子的谈话范围。

如果孩子能说出物品的名称，就可以提具体的要求

结合第 110 ~ 111 页介绍的提要求训练，让我们用语言互动来教孩子物品名称。以下是进餐时使用的一些语言互动的示例。通过利用孩子对食物的渴望，可以增强他的行为动机，从而可以比较顺利地教授他语言。

当孩子能够说出物品名称时，就可以表达具体的请求，例如"给我××""不要××"，并且交流话题的范围也会扩大。此外，即使孩子尚未发展出提要求的能力，但能够说出物体的名称和做出手势，也能够表达他最低限度的要求。

❶ 故意将孩子最喜欢的菜移至远处

我们可以频繁地将装有孩子喜欢的小菜的小碟子慢慢地从孩子身边移开（一定要面带微笑地进行这个动作）。当孩子试图去拿你放远的那一小碟香肠时，这是一个利用语言互动教孩子学习物体名称的机会。👩（一边指着一边说）"这是什么？香肠，香肠。"不断重复这个行为。

让孩子自己选择，培养独立思考的能力

孩子对食物的欲望很强烈，这时应该会特别注意香肠。不要错过这个时机，"来，给你香肠。"当孩子把香肠放进嘴里时，"好吃！"（代替孩子说出来）"香肠很好吃哟！"（传达与孩子的共鸣）

❷ 通过询问"要哪一个？"，让孩子选择

（两手分别拿着一盘香肠和一盒酸奶）"香肠还是酸奶？你要哪个？"

"香肠？"（抬起香肠盘，把酸奶移开）"酸奶？"（递上酸奶盒，把香肠移开）"要选哪个？"

当孩子伸手去拿香肠时，"我想吃香肠！"（代替孩子说话）"好的。香肠，给你。"

让孩子学习做选择是培养孩子独立思考能力的基本练习。然而，有些孩子却无法做出选择。在这种情况下，请父母在选项上开动脑筋，比如，让孩子在他有点儿喜欢的酸奶和最喜欢的香肠之间进行选择。

⚠ **这里要小心**

进餐时的训练要避免什么？

在孩子的食欲得到一定程度的满足后，再开始教孩子提要求和物品名称。孩子太饥饿的时候，想要进食的欲望过于强烈，根本不会接受训练。

另外，如果孩子有抵触心理，但是父母坚持重复训练，也是没有好处的。如果你太勉强孩子，只会让孩子讨厌吃饭。

用餐时的语言互动 ④

父母可以故意装傻，引导孩子提要求。请受与孩子语言互动的乐趣，尽可能丰富谈话内容。

用各种方式引导孩子发展提要求的能力

对于有一定语言能力的孩子，我们推荐以下的提要求训练。

准备就餐时，故意不把孩子的勺子放在桌子上。

（●）"要开动了！"（开始就餐，请仔细观察孩子并等待他提要求）

（●）"……"（●）"怎么了？"（如果孩子看起来很困扰但不说话，请一定微笑着和孩子说话）

（●）"当你想要勺子时应该说什么？"（停顿片刻，让孩子思考）（●）"勺……"（如果孩子没有应答，可以提示他一个字）孩子"勺子，给我勺子。"

如果孩子因为没有自己的勺子而发脾气，你可以微笑着道歉，并说："对不起，妈妈忘记（给你）拿勺子了。"在孩子情绪平复后，对他说："如果想要勺子，可以说'给我勺子'。"

妈妈给予提示，（●）"给我勺子。"（●）"给我勺子。"妈妈在孩子说完后将勺子递给他。

对说话能力有进步的孩子该如何进行语言互动

对于说话能力有进步的孩子，建议父母有意识地让对话变得"有来有往"，请看下面的示例。

（一边吃咖喱饭一边说）"烤蔬菜，真好吃！"

"不，这是咖喱饭。"

"啊，原来如此。"

"这是什么？"（展示他用勺子舀的酸奶）

"酸奶。"

"太棒了！正确！"

"那么，咖喱饭里有什么？"

"肉、土豆、洋葱。"（如果孩子有帮忙烹饪，记忆会更清晰。）

"非常正确！"

当然，除了问上面的这些问题，父母和孩子还可以开心地谈论一些其他事情，比如在幼儿园玩的玩具、在学校吃的午餐、和父母外出时发生的有趣的事，等等。让孩子说出自己的经历和体验才是我们的最终目的。餐桌是一个让人放松的地点，非常适合亲子交流。每天一次，关掉电视，享受亲子间一边吃饭一边聊天的快乐吧。

一点建议

对过度模仿的孩子应该采取怎样的对策呢？

"当你想要勺子时，你会说什么？"

"当你想要勺子时，你会说什么？"

有过度模仿习惯的孩子，会完全复述父母说的话。

一般在对孩子进行语言训练时，父母提问后会稍微停顿一下。但对于过度模仿的孩子，父母说完"想要勺子的时候，应该怎么说呢？"，请立刻用响亮的声音毫不犹豫地说出正确答案"给我勺子"。关键是不要让孩子有模仿父母问话的时间，只让孩子复述原本应该说的正确答案"给我勺子"。

另外，可以绘制有对话框的图案，把对话写下来，利用视觉刺激的方式把要教授的语言传达给孩子。有些（平板）电脑上有对导入的照片设置对话气泡的功能（软件），建议父母使用这类软件制作属于孩子自己的对话集。

游戏中的语言互动①

孩子们都很喜欢寻宝游戏。孩子不仅可以通过这个令他兴奋的游戏提高共同注意力，还可以学习与位置和地点相关的词。

开动脑筋进行语言互动，让孩子了解位置和地点的概念

正如第 51 页所介绍的，寻宝游戏不仅具有增加孩子共同注意力的效果，而且也是教授孩子位置和地点概念的绝佳教学工具。

首先，把娃娃、盒子和坐垫等标志物放在室内的几个地方，并把零食和玩具等"宝物"藏在这些标志物的附近。然后，父母就能和孩子进行表示位置的语言互动了，例如，"玩偶的侧面、正面、背面"或"垫子上方、下方"。

准备好后，请参考以下示例进行对话，并与孩子一起开始寻宝吧。

"我们去寻宝吧！"（父母和孩子一起前往藏着宝藏的房间）

"零食在哪里？"

"妈妈知道哟。"

"听好！"（指着自己，用手势引导孩子向妈妈提问题）

"在哪里？"（提示孩子应该说的话）

"在哪里？"

"垫子的下面。"（孩子在垫子下发现糖果）

"找到了！"

"在哪里找到的？"

"垫子的……"

"下面。"

"没错！在垫子的下面。"

116

和孩子"藏宝"的同时进行语言互动

👩 "还有零食哟！"（用手势鼓励孩子向妈妈提问）

👧 "在哪里？"

👩 "在洗手间里。"

👩 "洗手间在哪里？洗手间在哪里？"（一边与孩子进行语言互动，一边向洗手间走去，找到零食并用手指着）

👧 "啊，零食……"

👧 "找到了！"（孩子拿到零食）

👩 "零食在哪里找到的？""在洗衣机的……"

👧 "上面。"

你还可以和孩子一起"藏宝"，让孩子的兄弟姐妹去寻找"宝藏"。在这种情况下，一旦藏好"宝藏"，请做如下的语言互动：

👩 "藏在哪里了？"（停顿片刻，让孩子思考）

👩 "垫子的下面。"（提示孩子应该说什么）

👩 "垫子的……"

👧 "下面。"

👩 "是的，再告诉我一次，藏在哪里了？"

👧 "垫子的下面。"

另外，也可以让孩子学习在以下的情境中与你进行表达位置的语言互动。例如，当孩子骑自行车或在公园玩游乐设施时，你可以问孩子诸如"你想坐在前面吗？""你想坐在后面吗？""你想坐前面还是后面？"之类的问题。在吃零食时，你还可以这样做：将两盒零食叠在一起，然后问孩子"你想要上面的吗？""你想要下面的吗？""上面的，下面的，你想要哪个？"

游戏中的语言互动 ②

利用寻宝游戏，引导孩子提要求，以及帮助孩子理解方位词。用声音表达方位词，孩子更容易理解。

让孩子使用表示位置的词来表达请求

一旦孩子理解了表示方位的词语，请尝试让孩子使用这些词来表达请求。

如同寻宝游戏，首先将孩子最喜欢的玩具或食物（在本例中，孩子最喜欢的食物是香蕉）放在他够不到的地方，例如放在架子上。

"咦？"（同时指着香蕉）

"有香蕉！"（用语言和手势让孩子注意到香蕉）

然后，用向上指的手势提示，让孩子说出要求的词，"上面。"之后把孩子抱起来，在孩子能看到但不能够拿到香蕉处停住不动。让孩子说"（更）上面"并接着把他往上抱。当孩子拿起香蕉时，"接下来去哪里？" "下面。"

"到下面喽。"再把孩子放下。

📋 **一点建议**

通过挠痒痒游戏帮助孩子记住身体部位。

第44页介绍的挠痒痒游戏，可以让孩子在和父母互动的同时了解身体的各个部位。除了询问孩子"××在哪里？"之外，还建议询问孩子这样的问题："鼻子的下面有什么？" "你脸的旁边有什么？"

有香蕉！ 咦？

上面

更上面

途中停止

118

通过游戏帮助孩子理解形容词

我们还可以通过游戏帮助孩子理解形容词，让他体验程度变化的过程。让孩子看到程度的差异，可以帮助他理解"大"和"小"这样的抽象概念。

❶ 教授"大"和"小"

声音游戏　妈妈一边逐渐提高音响或收音机的音量，一边说："声音越来越大。大，大！"（逐渐增加说话的音量）

👩 "声音，大！"

👩 "声音……"

👦 "大。"

接下来一边让声音变小，一边说"变小了，小，小……"（声音渐渐减小）

👩 "声音……"

👦 "小。"

绘画游戏　在素描本上绘制苹果，每页画一个苹果且苹果要由大到小，这样当翻页时看到的苹果是逐渐变小的。

首先，翻开苹果最大的一页让孩子看，妈妈一边说"小，小，变小……"，一边按顺序翻页，同时逐渐降低音量。

当翻到最后一页时，妈妈说"变小了""变小"。

对于理解形容词，用具有相反含义的一组词来教孩子吧。

👩 "变成了什么？"

👦 "小的。"

接下来反向操作，按照苹果由小变大翻书。

❷ "要哪个？"

妈妈双手捧着不同大小的点心问孩子，👩 "大的、小的，要哪个？"

👦 "大的。"

接下来，准备两个不同大小的盘子，里面装着孩子不喜欢吃的食物（例如胡萝卜）。然后把胡萝卜切成大块和小块，大的盘子装大块，小的盘子装小块，让孩子自己选择。

在这种情况下，孩子一般会选择"小的"。

❸ 教授"长"和"短"

用玩具链条做游戏　先用联结环串成两条不同长度的链条，将它们放置在玻璃杯等透明容器中。父母拉出一条长链条时，拉长声音说"长"。如果拉出的链条很短，用短促的语调说"短"。

剪纸　准备两张已经被剪成约30厘米长的细条的纸。妈妈说"剪短一些吧"，并用剪刀一点一点地剪其中一张纸。剪纸前，妈妈说"长"；剪短后，妈妈说"短"。

然后妈妈说"剪短一点儿吧""剪得更短一点儿吧"，然后继续剪。

时不时地将剪过的纸与另一张未经剪裁的纸进行比较，并说"这个更长呢"。

接轨道游戏　跟孩子玩连接玩具火车轨道的游戏，先对孩子说"我们把轨道变长吧"。

然后，每接长一节轨道就自问自答："怎么了？""变长了。"

此时也要让孩子说"变长了"。

儿子只会鹦鹉学舌

在接触 ABA 之前，我拼命地想要向说话困难的空的大脑中输入各种词。

例如，我会指着一片叶子，让空触摸它，同时跟他说"叶子，叶子"。就这样随时随地教他一些词并让他重复。

然而，这种语言互动让空身上出现了顽固的鹦鹉学舌（过度模仿）行为。他认为重复我说的话都是正确的。

👩 "你困了吗？"

👦 "你困了吗？"

👩 "哪一个？"

👦 "哪一个？"

我曾经一度觉得我的孩子可能永远都无法与他人正常对话了。

从这样的经历中，我意识到让孩子学习疑问句很重要，即使他还不能说出相应的词。

因为对话是由"问题"和"答案"组成的，所以父母一开始要尽可能地问孩子"这是什么？""怎么了？""××在哪里？""该怎么办？""你想要什么？""接下来要做什么？"等。请尽量用疑问句和孩子沟通。

为了防止孩子一直有顽固的鹦鹉学舌行为，在父母给出提示之前，让孩子先思考一下如何回答问题。

第 115 页介绍了如何对已养成鹦鹉学舌习惯的孩子进行干预。

即使是典型发育的儿童也会经历鹦鹉学舌的阶段，但一旦他们学会正确地与人对话，这种现象就会自然消失。然而，一些发育迟缓（包括孤独症）儿童需要很长时间才能摆脱鹦鹉学舌的行为，如果不及时干预或应对不当，孩子纠正起来会很困难，所以父母需要特别小心。

第八章

使用 ABA 帮助孩子
持续进步的七大关键

② 培养自我肯定感

① 持有长期目标

若想长期在孩子身上推行 ABA 策略，第一件事是制定长期目标并培养孩子的自我肯定感。为了实现这个目标，我们应该做什么？

想象孩子将来的样子，并具体写下来

4 年后······

成为一名小学生，和小朋友愉快地玩耍。

1 年后······

在幼儿园表现得很好。

成年后······

找到了一份适合自己的工作，并且做得很开心。

❶ 制定长期目标

很多父母可能会遇到这样的情况：虽然想继续使用 ABA 策略推动孩子的训练，但是暂时看不到任何效果。"我还要继续坚持下去吗？"或者"这个孩子将来会怎么样啊？"，有些父母会抱有这样的担心。

在这种情况下，请尝试在笔记本上写下你希望孩子日后如何成长。尝试从长远的眼光（例如 1 年后、4 年后）尽可能具体地想象孩子将来的样子。你在笔记本上所描绘出的孩子的形象，就是孩子的目标。记住这一点，以积极的心态对待孩子，并坚持不懈地进行训练吧。

❷ 培养孩子的自我肯定感

找出你的孩子擅长什么和喜欢什么，例如，他擅长绘画或者唱歌、字写得很好、擅长折纸等，并尝试好好培养孩子的这些技能。如果你的孩子拥有至少一项让他引以为傲的技能，他的自信心就会增强，即使面对困难也能积极地面对。

"谢谢"是培养孩子自尊心的神奇的词

培养孩子自我肯定感的另一个有效方法是让他帮助你（父母）。

例如，父母请求孩子帮忙："请扔掉这张纸。"当孩子扔掉纸后请微笑着对他说"谢谢你，我很开心"。"谢谢"是帮助孩子培养自我肯定感的神奇的词。只要一句话，孩子就可以感到"我是有用的人"。

帮助他人通常是孩子与他人交往的第一步，也为孩子社会性的发展、将来的自立和就业打下了基础。

在我提供干预支持的一个家庭里，母亲认为孩子帮助她准备饭菜是不可能的，但在我向孩子提示后，他马上可以一个人去准备饭菜了。他的母亲对这个意想不到的结果感到惊喜，她对孩子说"谢谢"之后，孩子也很高兴。重要的是父母要摆脱"孩子做不到这个"的信念，勇于去尝试。

上面列出了可以请求孩子帮忙的示例。帮助孩子成功的关键是让孩子从简单步骤开始，一点点去做他力所能及的事情。例如，晾晒衣服时，你可以先把一两双袜子放入一个小篮子中，然后交给孩子让他晾起来。

可以让孩子帮忙的示例

● 晾晒衣服时，把衣服一件一件递给父母。

● 自己晾晒衣服（从一双袜子开始吧）。

● 把干衣服从衣夹上取下来。

● 将晾干的衣服分类（区分裤子和袜子、区分爸爸的裤子和妈妈的裤子等）。

● 折叠手帕。

● 用餐前，按人数准备餐具（从易于拿取的筷子和勺子开始，熟练后再帮助父母准备茶杯和盘子）。

● 把餐具端到餐桌上。

● 给植物浇水（和父母一起，孩子用小喷壶）。

● 购物时将物品放入购物车。

● 从报箱中取出报纸（熟练操作后会成为日常习惯）。

请求孩子帮助时，要微笑并礼貌地对他说："如果你能帮助我，我就会很开心。"或者说："那拜托了！"。请不要一边责备孩子，一边寻求孩子帮助并强迫他做所有的事情。

③ 经验就是财富，百闻不如一见

孩子的各种经历对于语言学习至关重要。一旦孩子的语言能力明显提高，就请尝试让他去购物时与商店的店员互动。

父母用语言表达对事物的感受

❸ 经验就是一笔财富，百闻不如一见

对于孩子词语记忆的训练，刚开始有效方法是使用容易引起孩子兴趣的图片，还可以通过孩子周围的事物和孩子对其拥有的经验来教授孩子词语。这样孩子才能够将学到的词语应用到日常生活中。

当你向孩子展示"铅笔"图片时，可以让孩子用铅笔写字或画画。如果你想使用图片来教孩子学习"做饭"这个词，可以按照第 105 页的说明制作煎鸡蛋卷。关键是让孩子尽可能多地拥有与图卡上词语相关的体验。

借由身体上的体验，刺激孩子的感官和大脑，更容易给他留下印象，从而更容易理解词语。

为了对感官进行刺激，不仅要让孩子在室内玩耍，还要让孩子体验在室外玩耍和行走的感觉。这时，请父母用语言表达对事物的感受，比如"花，真漂亮啊"或"夕阳，真美好"。父母时不时地观察一下孩子的脸，养成和孩子看到同样的东西时分享自己感受的习惯。

与家人以外的人互动的体验也很重要

父母和孩子从夏天的空调房里走出来后，请尝试进行前一页插图中那样的语言互动。

"热"和"冷"等与感官体验有关的词很容易被记住，因此最好将它们与其他词联系起来教学。如下所示，可以将季节相关的词一起教授。

"夏天很热。" "夏天？" "很热。" "是的！" "现在是什么季节？" "夏天。"（提示回答） "现在是什么季节？" "夏天。"

我建议一旦你的孩子有一定程度的语言表达能力，就让他在快餐店与店员互动，就像右边插图中的那样。父母可以在孩子的耳旁提示应该和店员说的话，让孩子与店员交流。

如果一切顺利，请称赞孩子说："你可以正确地点餐了。太棒了！"通过在家玩商店游戏，提前练习与商店店员的对话，孩子也可以从容地应对。

一点建议

失败也是很重要的经验。

有些孩子会在比赛（或游戏）过程中感觉快要失败的时候就哭起来，并会中途放弃比赛（或游戏）。然而，人可以通过失败积累经验，要让孩子学会管理自己的情绪。教导孩子不要胆怯，坚持到底。另外，在比赛前和比赛后，请对孩子说"即使要输了，也要坚持到最后"，或者"虽然输了很遗憾，但失败也是很重要的经验"。

欢迎光临。要在店内用餐吗？

要带走。 要带走。

要带走。 ……

请给我薯条。 请给我薯条。

⑤ ④ 父母共同协力的干预训练 善用干预机构

当孩子的干预训练进展不顺利时，或者关于干预训练父母之间有不同意见时，该怎么应对才好呢？

干预机构给予的专业支持

④ 善用干预机构

当我在践行 ABA 的过程中遇到困难想要放弃时，我曾向干预机构寻求帮助。

那时，我到干预机构观察专业人士的操作方法，并且发现 ABA 不起作用的原因不在于我的儿子，而是我的做法有问题。

所以，如果你在给孩子干预的过程中遇到瓶颈、感到疑惑，或者刚开始进行训练不太顺利，建议向 ABA 专业干预机构寻求帮助并学习如何对孩子进行正确的干预训练。

干预机构很有吸引力，因为他们能代替父母客观地分析孩子的问题并为孩子提供集中的干预训练，但这些机构往往收费昂贵。在孩子正式开始干预训练之前，一定要仔细确认孩子干预的内容、持续时间和费用。

一旦孩子在机构的干预开始，父母亲眼确认干预内容就很重要。如果孩子要与父母分开单独接受干预训练，请尝试与机构协商以便能够在训练结束后可以观看到干预现场录制的影片。通过观看录像，父母可以看到干预师与孩子的互动、进行辅助的时机、表扬孩子的方法等，这些都将成为父母在家对孩子进行康复训练的参考。如果父母对干预内容有任何疑问，请及时与机构工作人员沟通。

即使你的孩子在专业机构接受干预训练，也不要把一切都交给机构，不要忘记在家中对孩子进行干预。如果你能有效地利用孩子在干预机构的训练，机构将成为你可靠的支持者。

有效利用干预机构的要点：

☑ 当在家对孩子的干预训练不顺利时，可以学习干预机构的方法。

☑ 请务必提前了解孩子干预需要的费用、时间、具体干预内容。

☑ 一旦干预开始，就请亲自确认孩子的干预内容。（如果孩子要与父母分开，单独进行干预训练，请尝试与机构协商以便能够在孩子训练结束后看到录制的影片。）

☑ 为了为孩子提供更高质量的干预，如果你对干预内容有任何疑问，请清楚地传达给机构。

☑ 不要将所有干预训练委托给机构，在家中也要脚踏实地践行一些干预方法。

遇到困难不要藏在心里，夫妻之间一起商量对策

❺ 夫妻协力进行孩子的干预训练

即使我的丈夫理解 ABA 的原理，也依旧按照自己的想法去做。当他发现孩子有残疾时，为了孩子的未来，就抱着要好好教育孩子的想法，开始对孩子严格要求起来。当时，空经常很害怕他严厉的父亲，总是担心"会不会又要被爸爸训斥了？"

我担心丈夫对待空的方式会造成不良影响，所以我经常要求他多夸奖儿子，但总被丈夫反驳"你总是抱怨我做得不对"。于是我转变了方法，开始弥补丈夫对待孩子时欠缺的部分——频繁地夸奖孩子。在那之后，丈夫也渐渐地开始夸奖孩子了。

当丈夫和妻子对孩子的干预训练产生分歧时，需要努力达成一致，双方都要做出妥协。另外，如果有要对伴侣说的话，请在孩子不在身边时沟通。与其把自己的意见强加给对方，不如以建议或咨询的形式沟通，比如"我想试试……"或者"发生……的时候应该怎么办才好呢？"。这样做伴侣反对的声音会少一些，双方就可以平静地讨论了。

当自己的做法行不通时，不要把一切都藏在心里，要坦率地向伴侣表达你的痛苦。这样做有时会得到意想不到的解决方案。当伴侣听你倾诉时，别忘了向他表达你的谢意。如果不好意思当面说出来，也可以用写邮件或发信息的方式传达给对方。

⑦ 使用『努力』笔记

⑥ 不要忘记关注其他孩子

你是否全神贯注于你的发育迟缓的孩子的干预训练，而忽视了家里的其他孩子？对其他孩子表达父母的爱和关注也是必不可少的。

表达对其他孩子的爱

⑥ 不要忘记关注其他孩子

我在一本书中看到这样一个故事，一位有两个孩子的母亲专注于家里患发育迟缓的弟弟的干预训练，而健康的哥哥却坦白说："如果我也是发育迟缓就好了……"看到这样的故事我感到愕然，也让我体会到关怀照料其他孩子的重要性。

特殊儿童的兄弟姐妹可能理解家里的情况并忍受一切，也可能做出令人困扰的行为，并把痛苦发泄到父母身上。

当父母发现其他孩子有让人困扰的行为时，请抱抱他、摸摸他的头，并对他说："你是一个好

小雅真的是一个好孩子。妈妈是知道的。

当家里的其他孩子因为感到孤独而出现恼人行为时，与其责骂孩子，不如抱抱他、和他谈一谈。

孩子，我是知道的。""我很抱歉让你感到孤单，其实我们都很喜欢你。"如果父母可以在孩子每天清晨上学前或放学回家后，都对孩子说"我爱你"，孩子的情绪就会稳定很多。

一点建议

通过与兄弟姐妹的互动培养耐心。

举个例子，当家里患孤独症的妹妹试图抢夺姐姐在玩的玩具时，因为担心她们会吵架，父母往往会要求姐姐："把玩具让给妹妹吧。"但容忍妹妹强取豪夺，只会强化她的不良行为。

为了帮助孩子将来能融入社会，得到周围人的喜爱和接纳，父母从小就要教导孩子并不是所有事情总能如自己所愿。为了培养孩子的耐心，可以这样说："姐姐正在玩这个玩具，要等她玩完。""要对姐姐说'能借

给我这个玩具玩吗？'。"请通过语言互动告诉孩子，表示谦让或拜托对方某件事情时该如何做。父母也可以和姐姐一起出去吃冰激凌，并和她说："别告诉妹妹，这是我们之间的秘密。"让姐姐感到"不仅妹妹是，自己也是爸爸妈妈非常重要的孩子"。

此外，发育迟缓儿童通常不喜欢与兄弟姐妹互动，但父母应该鼓励他尽可能多地与兄弟姐妹一起玩耍。这可能需要坚持训练几个月才能看到效果。

使用"努力"笔记获得第三方的称赞

对于有耐心、能忍受的孩子，父母往往会因为"你是个好孩子，帮了我的忙"而忽略了对孩子表达关爱。但是，我们要知道，孩子如果小时候没有得到关爱，到了青春期就很可能会对父母表现出反抗。如果家里有这样的孩子，平时请尽量抽出些时间陪伴孩子，即使是短时间的陪伴也好。

❼ 使用"努力"笔记

我多次提到对孩子称赞的重要性，但为了给孩子创造受到家人以外的人的称赞的契机，我建议大家活用我儿子上幼儿园时实践过的"努力"笔记。

准备一个可以放入孩子书包口袋的小笔记本，用它记下孩子努力做的事以及他帮助你做过的事。

我每天早上都把这个笔记本给我丈夫看，回老家时也把它拿给我的父母看，他们会称赞我的孩子："听说现在能自己系扣子了，真厉害啊！"我也拜托了幼儿园老师："希望您读完'努力'笔记后，也能表扬我的孩子。"

使用"努力"笔记的好处是，孩子可以获得除父母以外的其他人的赞扬，这能增强孩子的自信心。同时，父母也感觉自己的努力得到了回报，极大地增强了父母的自我肯定感。

"努力"笔记填写示例

日期	内容
10月5日	可以吃之前不喜欢吃的青椒了。
10月20日	第一次能够自己系上制服衬衫最上面的纽扣。
11月1日	主动询问："爸爸的饭要盛多少？"，并为家里的每个人盛饭。在此之前，练习过很多次如何询问爸爸及把米饭盛到碗里的方法。
11月6日	当弟弟走来走去不好好吃饭时，会对弟弟说"啊"并让弟弟张口吃饭。练习了很多次才学会。
11月8日	能带着他去买新鞋了。一年前带他买鞋的时候，因为惊慌失措而大哭，但这一次没有哭，可以正常购物。真是长大了。
11月20日	昨晚，妈妈不在身边也可以一个人睡觉了。今早起来还要求妈妈在笔记本上记录下他的这个进步。

第九章

致为孩子干预
训练奋战的你

到目前为止，我已经具体讲了如何利用 ABA 与孩子进行有效沟通，以及如何利用 ABA 与孩子互动。这些都是我在日常生活中和儿子空一起练习的。

本章中，我将把自己在儿子的干预训练中以及作为干预顾问与很多家庭合作过程中总结的经验教训，分享给那些正在为孩子的干预训练苦苦挣扎或即将给孩子开始干预训练的父母。

父母的负面情绪一定会传染给孩子

有一段时间，空做事总不能如我所愿，我对他的行为感到恼火，总感觉自己像个受害者，心想："如果空是个好孩子，我就不必生气了……"

然而，如果父母长时间怀有像我这种心情，就会陷入"消极思维的陷阱"。只要开始有这种负面情绪，就会带来更多的负面情绪。这样一来，父母将无法轻易摆脱困境。

如果父母对孩子有负面情绪，肯定会影响到孩子。

ABA 的基本理念是"一个人的行为是由与环境（包括周围人的行为）的相互作用塑造的"。这意味着，你的行为可能导致对方的不恰当行为。当你的孩子感到恼怒时，你需要反思是否是因为自己的行为导致了他的恼怒。

我非常同意这样的观点，通过改变自己的视角，能摆脱消极思维的陷阱。

养成客观看待孩子行为的习惯

如同第二章中解释的 ABC 分析法所示，当你希望某个人改变他的行为时，首先尝试改变自己的行为。改变对方行为的"前提"和行为之后的"结果"，对方行为发生改变的可能性就会增加。

为此，让我们通过学习 ABC

分析法，养成客观看待孩子行为的习惯。孩子频繁做出不恰当的行为时，父母会因为生气而大喊大叫，但是，再怎么生气也解决不了问题。重要的是要关注在什么情况下会引起孩子的这种行为，并思考应对方法。

在第六章中我们讨论了关于孩子问题行为的具体处理方法，但效果可能不会立即显现。父母要对此表示理解，从长远的眼光去看待，并对孩子积极干预，相信"总有一天孩子会做到的"。

但是，即使很多父母想从客观的角度冷静地应对，也会忍不住对孩子发泄愤怒。在这种情况下，重要的是尽快礼貌地给孩子道歉，最迟也要在发脾气的当天晚上孩子睡觉前对孩子说："是我过于急躁了，对不起。"给孩子读他最喜欢的绘本，或者跟孩子玩像挠痒痒这样的肢体接触游戏（第44页），尽力让你和孩子都以微笑的面容结束这一天的生活，然后以美好的心情迎接第二天的到来。

与其担心未来，不如珍惜现在

当我们面对同一个状况时，只要改变视角就可能得到完全不同的结论。例如，对于描述孩子性格特点的词，可以用更积极的词来替代，比如固执→意志坚强、好动→好奇心强、愤怒→情感丰富、叛逆→

有自己的想法。

同时，不要只关注孩子的弱点，例如"他不会做……"或"我不喜欢他做……"，而要关注他积极的一面，例如"他的笑容很可爱"或"他很健康，吃得很香"。当你这样想时，生气的次数就会减少。

有时候你不仅对孩子的行为感到恼火，而且还对未来感到焦虑。当你开始思考孩子的未来时，往往会产生各种担忧，陷入消极思维的漩涡。为未来担忧是没有意义的，不如专注于当下你可以做的事情。

请保持微笑

如果你会不由自主产生有负面思想，请大声告诉自己："好！应该结束了！"；或者客观地接受自己的想法："我担心的是未来的事情。""这仅仅是'我的想法'而已。"

同时，请养成关注美好事物的习惯。对每天发生的一些小事心怀感恩，可以帮助我们将消极想法转变为积极想法。

如果你仍然倾向于消极思考，请尝试经常抬起嘴角并微笑。当我真正尝试这么做的时候，能感觉到心情变得明亮起来。

早上醒来时，我会有意识地扬起嘴角，微笑着从心里默念："啊，我今天还活着，我很庆幸我能呼吸，有被子，有家，有食物可以吃。感谢，感谢！"像这样带着感恩的心情开启新的一天。

养成对小事感恩并经常自我赞扬的习惯

在推崇"谦虚的美德"的日本，很多人可能不愿意自我夸奖，但时不时地进行自我夸奖还是很重要的。

我非常不擅长做家务，所以每次在我洗衣服、晾衣服的过程中或者完成后，我都会称赞自己"我做得很好！"，来增强自我肯定感。

因为家庭主妇的工作常常得不到其他人的赞扬，所以我决定至少自己要经常表扬自己。虽然我的丈夫平常很少注意到我在努力打扫卫生，但我会提醒他这样称赞我："哇，你看，你把房间打扫得好干净"。得到别人的认可会让我感到高兴并增加自信心。

我做得很好！

发育迟缓儿童的父母往往会陷入消极思维的陷阱，所以请养成对小事感恩以及赞扬自己的习惯。如果你养成了赞扬自己的习惯，你也会习惯赞扬孩子，孩子的笑容也会增多。通过改变你的行为，周围人的行为也会改变。

不要总是追求自己立马百分之百地改变，与昨天相比即使只改变了一点儿，或者在为改变而努力，就要为这个过程赞扬自己："我很努力了！"

语言有时候会伤人，然而语言也可以让自己和其他人感到幸福快乐。平时请多提醒自己在任何场合都要尽量使用积极的语言。

当感觉无法喜爱自己的孩子时

我曾经有一段时间觉得自己无法喜爱空了。

空的行为经常让我很困扰，以至无法发自内心地喜爱他，而我也会因为自己有这样的想法感到内疚和自责。于是我发现越来越无法面对空了……我想有些父母会像我一样吧？

如果你内心觉得无法喜爱自己的孩子，试着用实际行动让自己表达对孩子的喜爱，经常拥抱孩子并大声对他说"我爱你"。但是如果你的孩子正在发脾气、哭泣，请等待他平静下来后再拥抱他。通过

身体接触和语言的力量，你会慢慢恢复对孩子"喜爱"的感觉。

　　父母正是因为关爱自己的孩子，才会对孩子的不良行为很在意并感到苦恼。我想总有一天你会度过这段感觉不好的时期，并让自己再次"喜爱"上孩子。

　　当孩子的干预训练遇到阻碍时，可以暂时停止训练并放松一下。腾出一些时间，与孩子玩身体接触游戏（例如在被子上挠痒痒），多让孩子笑一笑。看到孩子的笑容，你也会被治愈。即使在为自己不能喜欢孩子而感到苦恼时，看到孩子的笑容，你也会觉得："对了，我是喜欢这个笑容的，不是吗？"

　　你的孩子微笑了吗？孩子脸上的笑容正是你给予的！

当前，校园霸凌的问题日益严重。我的儿子空在读小学一年级时也被霸凌过。当时空的朋友小C在暑假之前一直对他很好，但暑假过后却一直在空耳边低语："去死吧。"

那段时间空看上去总是没有精神，嘴里常常念叨"不想去学校"。看到儿子的样子，我很担心，"是不是因为在学校发生了什么事情？"一天晚上，也许是因为我们俩躺在被子里聊天比较放松，空才告诉了我他被霸凌的事情。他问我："为什么小C想让我去死呢？"

当时我很震惊，并且安慰空，"妈妈会保护空，没关系！明天早上我会去和老师谈谈。这让你很痛苦吧！谢谢你告诉妈妈这些。"

第二天早上，我去学校与空的班主任沟通并确认事实后，班主任对小C进行了警告。

后来，我向一位教授育儿课程的朋友讲述了这件事，他肯定了我的做法："你处理得很好。这样做让空很有安全感，因为他知道'无论发生什么，妈妈都会保护他'。"

父母观察孩子的变化，并在必要时提供帮助

空被霸凌的事情经过处理后，小C对他的言语霸凌虽然停止了，但时不时还会对空捏一下或者掐一下。于是我出面警告小C："下次你再欺负空，我就告诉你妈妈。"小C对空的霸凌行为这才停了下来。

当时我不仅单方面训斥了小C，还问他："你觉得空被欺负时是什么感觉？我想他一定很伤心！"如果我们用换位思考的方式让霸凌者去思考被霸凌者的感受，霸凌者多少会有些感触，会更容易反思自己的行为。

理想情况下，父母不应该干预孩子们之间的争吵，应该相信孩子有能力自己解决问题。然而，有些孩子无法按照自己的意愿勇敢表达"不"，也没有反驳他人的能力。

我朋友的儿子曾经被霸凌者殴打，身上经常有瘀伤。朋友鼓励他的儿子"做出反击"，但他的儿子不仅做不到，还会撒谎说："我反击了，不会再被欺负了，我们也成了朋友。"事实上，霸凌仍在继续。

你认为被霸凌的孩子有什么样的感受？

所以，有时候让孩子自己去解决问题，反而会给孩子很大的负担。

鼓励孩子勇敢说"不"

说回我儿子空，原本小 C 的霸凌行为已经解决了，然而时隔两年又开始了。事情发生在空、我的小儿子苍和小 C 一起玩耍的时候。在此之前一直很友善的小 C 命令空："告诉苍，'他是个笨蛋！'。"

空无法拒绝小 C 的命令，听了小 C 的话骂了弟弟。回到家后，他对我说："对不起，我叫了苍'笨蛋'！"并告诉我小 C 在路上写下了"空，去死吧"的话。我安慰空："妈妈明天会和小 C 谈，放心吧！"

然而，过了一会儿，当我平静下来，我脑中出现了这样的疑问："如果父母总是帮助解决问题，对孩子有好处吗？"有时候空需要学会对自己不喜欢的事情说

"不"。我认为对于现在的空，一定有能力表达自己的意图了。于是第二天早上我和空进行了以下对话。

"空，如果小 C 让你伤害苍，你会照他说的去做吗？"

"不会！"

"嗯！你要知道，妈妈不可能一直保护你。妈妈希望空可以自己去做点儿什么。妈妈会假装没有听到昨天的事情，所以下次小 C 如果对你说让你讨厌的话，你要勇敢地拒绝他。如果你说不出话，就用摇头表示。"

"我不能这么做……因为会被他整得更惨。"

"如果那样，妈妈会好好教训小 C 的，你放心吧！挑战一下吧，我相信空一定能做到！"

空微微点头。为了激励他，我答应帮他实现很久之前的愿望，"如果你对小 C 表达了'不愿意'，我就带你出去旅行哟！"这是通过提供奖励来增加孩子动机的方法（第 78 ~ 79 页）。

另外，我在家里还多次扮演小 C 的角色，让空练习说"不愿意"和摇头。

如果可以，不妨称赞霸凌者，提高他的自我肯定感

两周后，空放学回家，说自己答应了

小C和另一个朋友小D一起在我们社区玩，然后他满脸笑容地出去了。在空出门之前，我再三叮嘱空如果遇到他不愿意做的事情要勇敢拒绝。

后来空告诉我，他们玩了一会儿后，小D就命令他去偷邻居家院子里的蔬菜，他当时就摇头说不愿意，而且表达拒绝后他并没有受到任何责难，孩子们又继续玩起了捉迷藏。

我拥抱了空，称赞道："你能敢于拒绝不该做的事，太棒了！太勇敢了！不愧是你！好的，我带你去旅行！"

后来，虽然表面上小C的霸凌行为已经停止了，这让我松了口气，但小C仍然屡次说一些令空不悦的话。我又开始担心了。是该教训一下小C，还是将问题反映给他的妈妈？身边人的意见，尤其是一位育儿师的话让我下定了决心，她说："你打算在你的孩子周围筑起一道围墙，并保护他一生吗？"

我告诉自己"现在空的应对方式是没问题的，紧急情况下我会出手相助"，并决定暂时观察一段时间。

换个角度来想，小C的行为也磨炼了空的意志，让他变得更强了。当我有了这种想法后，每天早上我都会对和空一起上学的小C说："空有困难的时候你可以帮助他吗？拜托你了。"或许是因为小C觉得自己被认可了、自我肯定感增强了，慢慢地他对空的言语措辞也变好了，两人也能比之前更加亲密地玩耍了。

告诉孩子被霸凌并不可耻

目前，校园霸凌现象时有发生。有些孩子因为被霸凌而感到羞耻，不会告诉父母，因为他们不想让父母担心。但是，父母应该告诉孩子，任何人都可能被霸凌，被霸凌并不可耻。

此外，即使一个被霸凌的孩子身上有导致他易被霸凌的因素，我们也不应该赞同霸凌行为并说"那个孩子活该被欺负"。

霸凌有可能影响一个孩子的身心健康。因此，父母有必要跟孩子反复讨论这个话题，告诉孩子如何应对校园霸凌。

如果你的孩子受到霸凌而你想要介入，请先与学校联系并让校方确认事实。之后，如果采取了各种措施都没有看到改善，父母再去学校，在学生面前说明这件事也是很好的解决方法。有时候，父母对这件事表现出竭力去解决的态度，也会带来改变的契机。

此外，根据具体情况，让孩子暂时离开学校一段时间也是一种方法。

无论如何，重要的是要尽力防止霸凌现象危害到孩子的生命安全。父母要竭力支持自己的孩子，想办法让孩子的脸上重现笑容。

处理霸凌事件时，单方面斥责霸凌者并不能从根本上解决问题。

孩子周围的成年人，包括父母和老师，应该利用一切机会表扬孩子，承认他们存在的价值，以增加他们的自我肯定感。我相信，如果我们每天坚持这样做，孩子们的霸凌行为最终会减少。

父母总能解决问题吗？

明天妈妈会警告他。不要担心！

成为勇敢说"不"的孩子！

下次有人再对你说令你讨厌的话，就直接说你不愿意。不要担心！相信你肯定能做到！

相信孩子的潜力，继续以积极的态度与孩子互动

在我幼年时，曾经有一年半左右的时间，我出现了这样的表现：在家里能正常说话，但到了幼儿园就不说话了，后来被医生诊断为"选择性缄默症"——当孩子被置于某些特定场所（例如学校或幼儿园）或经历某些特定情况时，会变得很焦虑以至于无法说话。

当时我不敢和同学们交往，有时会躲在教室的清洁用品柜里，透过柜子门缝观察大家的活动。听说我的老师对我的妈妈说过："我很担心这个孩子的未来。"

听了老师的话，我的母亲心里生出危机感。虽然她是一个不太擅长社交的人，但她还是做了一个重大决定——竞选幼儿园家长会主席。"如果我能改变，女儿也许也能改变"，母亲当年活跃在幼儿园各项活动中的身影我至今仍历历在目。

母亲的改变对我产生了积极影响。慢慢地，我的情绪也稳定了下来，到了上小学时，我已经摆脱了选择性缄默症对我的影响。现在，我可以像当年的母亲一样，能够在众人面前演讲了。

对于那些目前正在担心孩子的父母，我希望他们可以将这句话牢记在心："孩子现在的样子并不代表孩子的未来。"

如果你努力推动孩子的干预训练，孩子一定会积极地成长。如果当时我的母亲对老师说的话感到沮丧和悲观，每天沉浸在负面情绪中，我可能就没有今天的成绩了。

孩子会敏感地觉察到父母的惊慌失措、悲观和焦虑的心情。不要因为孩子目前的样子而对孩子未来感到悲观，要相信孩子的潜力，愉快地与孩子一起努力。孩子喜欢的不是父母哭泣或愤怒的脸，而是他们微笑和积极努力的样子。

对发不出声音的儿子感到不知所措

人们常说孩子讨厌的东西与父母相似。由于幼儿园的一次事件，空变得无法发出声音，在上小学之前，他在家以外的场所都无法发声——空和我一样，患上了选择性缄默症。

起初，我心里充满了绝望，又焦急又惊慌，但我试着冷静下来客观地接受了这个现实。我努力平复自己焦躁的心情，"如果我不相信空，谁又会相信他呢？作为母亲，我可不能一直惊慌失措！不管怎样，我要相信儿子的潜力。"

当时我碰巧得到了一次演讲的机会，所以我决定向空展示如何在一大群人面前演讲，就像我母亲曾经为我做的那样。我相信在空的脑海里，会记得母亲曾经演讲的样子，待他长大后，总有那么一天，他能够在众人面前讲话。

明天，妈妈将在很多人面前演讲

在我要正式演讲的一周前，我拿着麦克风在空面前演练，当时他专注地看着我，似乎在想"妈妈在做什么事情呢？"。在演讲的前一天，我和空有了以下的对话。

"你看啊，妈妈明天要在很多人面前演讲了。空在小时候啊，不敢看池塘里的水，害怕摩托车的声音……你虽然有很多害怕的事情，但都努力克服了。明天的演讲，妈妈会跟大家分享空的经验。

"在特殊儿童中，有很多孩子和空一样害怕声音，或者有很多不擅长做的事情，但是空一直很努力，已经会做很多事情了。通过不断的努力练习，你把之前不擅长做的事情慢慢变得擅长做了。

"让我把空的努力和能够做到的事情告诉大家吧！妈妈明天将在很多人面前演讲，请拭目以待哟！"

当你感觉累的时候，休息一下再出发

每个人的成长环境不同，思维方式也可能不同。

我希望我的儿子能感受到自己的与众不同带来的乐趣，"因为有各种各样的人，他们有各种各样的差异，所以这个世界才很有趣。"

我也想让发育迟缓孩子的父母和他们的孩子能将生活中的点滴快乐记在心里，"妈妈看起来每天都是面带微笑很开心。生活中并不全是可怕和讨厌的事情，还有快乐的事情。"

如果父母总是一脸阴郁地担心孩子的未来，孩子也不会对自己的未来充满希望。

我们常常会有感到沮丧的时候，但"雨不会一直下"。当发生不好的事情或者你感到疲倦的时候，你可以休息一下，养精蓄锐，重整旗鼓。只要明天比今天前进一点点，努力坚持，就一定能摆脱黑暗重现光明。

每天就向前迈出一小步，就有可能让未来变得更好。美好的结果在等待着你和孩子。

父母不再焦虑后，儿子的选择性缄默症得到了改善

对我们家庭而言，我们做父母的不再惊慌失措后，空的选择性缄默症改善了很多。

起初，我无法接受空在学校战战兢兢的样子。我很担心其他人对他的看法，而且看到他无法在人们面前说话，我也感到很痛苦，总是对他持有一个负面印象——

"反正他今天也会这样战战兢兢的吧。"

现在回想起来，当时我并没有相信空的潜能终能发挥出来，没有关注他好的一面，也没有"没关系，我相信他最终会说出话"这样的想法。后来，我调整了心态，接受了空的状况。"别担心别人怎么想！不能在公共场合讲话也没关系。现在的空也很好！"随着我的心情放松下来，空的举止也渐渐发生了变化——他开始在学校里说话了。那段时间，我采取了一些措施，比如，邀请朋友来我家玩，带着空和大家一起玩游戏，这让他感到很放松。我也会给空讲自己小时候在幼儿园不说话的经历。

另外，空还会和他参加的课外兴趣班的朋友一起练习骑独轮车，并且成为团队里骑车速度排第二位的车手，这让空获得了自信心。当孩子有了自信心，自我肯定感提高了，他们就会取得惊人的成长。

我从瑞莎老师的治疗中学到了什么？

我的想法之所以发生这样的改变，主要是因为我从《积极养育的 12 种心态》（美国家庭主妇之友出版社）的作者瑞莎老师那里学到了与孩子交谈的重要性。

瑞莎老师坚定地相信每个孩子都有潜能。她在美国所学的专业知识教会了她如

何给予孩子充满能量的回应。她可爱的笑容，也深深地打动了我的心。

瑞莎老师的咨询工作是这样进行的。

有一天，瑞莎老师努力让不说话的小E学会说"啊"了。当时小E想要逃避，所以发了脾气。瑞莎老师完全不为所动，一边做游戏一边笑着开心地接近小E。对基本无法发"啊"的小E继续给予语言强化，"你很努力了""你能熟练地把嘴巴张开""没关系，你可以说出来"，等等。就这样，一个小时后，小E真的会说"啊"了。

我猜小E可能在想："这位姐姐好执着啊！可能我发个声她才肯罢休吧……"。小E被瑞莎的笑容驱动着不断进步，他的焦躁情绪也减少了。

积极的话语可以改变孩子的行为

许多父母在孩子反抗时往往会退缩，但父母摇摆不定的心态很可能传递给孩子，孩子的干预训练也会受到阻碍。相反，如果你尽量消除焦虑不安的情绪、保持精神放松，像瑞莎老师那样始终保持微笑并使用积极的话语给孩子进行干预，孩子也会有积极的反馈，干预训练也更容易顺利进行。

就像"让思考成为现实"这句话要表达的意思那样，因为父母的焦虑和负

面话语，孩子就容易被暗示是"我做不到……"或"我是个做什么都不行的孩子"。这些负面想法不知不觉会影响孩子的性格。

这就是为什么使用积极语言很重要。"我能行""我是个善良的孩子"，这些积极肯定的语言对孩子说得越多，孩子就越容易肯定自己，最终也会体现在孩子的行为上。

发育迟缓的孩子也想成为一个好孩子

当孩子被诊断患有发育迟缓时，父母很难立即接受。父母有否定和抵触的情绪是正常的。你不必立即接受孩子有发育迟缓这个事实。

但是，请不要对孩子的未来绝望，也要抛弃"反正做什么都不行"这样否定孩子的想法。首先，请接纳孩子的真实状态。如果不这样做，孩子也不可能拥有前进的力量。如果父母显露出悲伤和痛苦的

表情，孩子也会感到悲伤。

虽然你的孩子真的想成为一个好孩子，但由于其先天的特性，他可能冲动地做出一些激怒父母的行为。这是孩子的错吗？

空有段时间在家学习时，因为无法顺利完成功课而生气，有时会有自伤行为——边抱怨边敲打自己的头。看到他这样我很痛苦，我大喊："停下！不要打了！"

但是，我在理解了孩子的感受后，改变了自己的看法，我意识到"这个孩子不是因为想打头而打的"。我对孩子产生了共情，对他说："做不到的话会对自己很失望吧？"听到我的话，空彻底改变了叛逆的态度，他放声大哭，哭诉道："因为我做不到才会很烦躁，才会如此任性。我真的不想这样任性啊，但我还是忍不住这么做了……"

要接纳孩子

当我听到空的话时，我意识到"最痛苦的莫过于孩子自己了。他已经竭尽全力了，但还是因为无法控制自己感到沮丧和痛苦。与孩子好好交谈并照顾好他的情绪才是十分重要的"。

那时我对空说："空的脑子里有一只烦躁的虫子。所以，烦躁并不是空的错。妈妈也会努力考虑该怎么做，让我们一起打败那只烦躁的虫子吧！"

我们首先要接纳孩子的现状，不要一开始因为讨厌孩子的行为而不管什么原因就想努力改变孩子。要理解孩子，"因为孩子有发育迟缓，所以才会不擅长做某些事或者行为不当。"父母要完全地接纳孩子，要知道"只有父母才能帮助孩子改善不良行为"，同时思考具体的方法。

如果你对孩子有信心，你的感受和态度也会传达给孩子，孩子也会十分地信赖你，会安心地学习。

在美国畅销的《孤独症学生希望家长和老师知道什么》（*Ten Things Your Student with Autism Wishes You Knew*）一书中，描述了孤独症儿童的心声：

"我能感受到很多事情，很多无法传达给其他人的事情。其中我最能感受到的是你是否认为'我能做到'。"

当陷入僵局时，向他人寻求帮助

刚开始对孩子进行干预训练时，你可能产生怀疑、焦虑或陷入僵局。在这种情况下，请考虑向专业的干预师、家长协会或互联网社群寻求帮助。

有很多大龄孩子的父母已经走过了这条路。你并不孤单。请不要一个人承担所有。

自己一个人无法解决的问题，有时可以借助他人的力量来顺利解决。对于父母来说，有时间放松也很重要。让我们心怀感恩，向其他人比如家人、朋友、社区里的人寻求帮助吧！同时，希望将来你也能把自己的经验分享给需要的人。

为了能让孩子多掌握一些力所能及的事，在父母老去后也能独立面对生活，请重视孩子"生存技能"的培养。我们要相信孩子有无限可能。请微笑着帮助孩子坚持训练吧！

因为，孩子现在的样子不是他的全部！

对孩子的将来感到不安的时候……

现在的样子不是孩子的全部。

在心中默默守护孩子，将不安留在心里。

结　语

很多被诊断为发育迟缓的儿童的父母接触 ABA 后，都觉得看到了一线希望，并认为："通过这种干预训练方法，我的孩子可能成为一个正常的孩子！"他们就像抓住救命稻草一样，急匆匆地就开始给孩子训练。我也是一样。

然而，"正常的孩子"这个说法本身就具有误导性。有人质疑"什么是正常？""每个人都有自己的个性，如果被勉强去做很多事情，孩子就太可怜了。"当我强调"通过实践 ABA，我的儿子可以改变"时，却被人询问"想要孩子改变，是否意味着现在的孩子不好？"，我竟无法回答。

确实，"成为一个正常的孩子"的期望会导致父母产生"孩子必须像其他人一样"的信念，并且可能因为孩子做不到某件事而将孩子推入困境。重要的是要接受孩子的独特性，并建立起"每个孩子都有其独特的优势"的信念，而不是要求孩子"必须成为一个正常的孩子"。

但是，如果任孩子自然发展，有的孩子将很难获得好的语言和社交技能。即使是原本笨手笨脚、无法做很多事情的孩子，如果得到适当的帮助，也可以做很多力所能及的事情，孩子的自信也会增加。为了帮助孩子融入社会，将来能过上理想的生活，父母在接纳、包容孩子的同时，要对孩子进行积极的干预。

我的儿子空成为小学生后，就可以和好朋友约着一起出去玩了，他也享受和我们的交谈。空在帮我做家务方面也进步不少。每当我想做家务但因为时间紧迫而感到焦虑时，空都会对我说："剩下的交给我吧！"。虽然现在空在很多方面仍然面临不小的挑战，但我不再像他 3 岁时那样对未来抱有悲观态度了。即使今后仍会遇到很多困难，我也坚信他一定能够克服。我之所以能有这样的想法，是因为我遇到了 ABA。

在发育迟缓儿童早期干预方面，我希望 ABA 的理念能够更广泛地得到传播，使苦恼的父母得到帮助，他们的脸上也会绽放更多笑容。我真心希望这本书能够帮助到你和你的孩子。

在写本书的过程中，我得到了很多人的帮助。负责审订的平岩干男医生，对发育迟缓儿童有着丰富的干预训练经验，而且能根据每个孩子的特点展开干预。我非常感谢他对我的书稿提出的建议。

我还从其他干预训练专家和儿童保健专家那里学到了很多东西。感恩与瑞莎老师的相遇，通过向她学习，我能够对在日常生活中利用 ABA 方法与孩子进行语言互动充满信心。当我刚开始接受干预顾问培训时，承蒙藤坂龙司和若井道子两位专家的关照，非常感谢他们。通过学习儿童心智发展的课程，我有了稳定的心态，心理负担减轻了不少，我的家庭生活也变得更加轻松了。

感谢"训练干预课堂"的代表大北友、医疗记者福原麻希从专家的角度对书稿提出了宝贵意见。另外，我也想向我在工作中遇到的家庭致以诚挚的谢意。感谢本书精美插图的绘制者得能史子以及编辑高月顺一、嘉山恭子和伊藤纯子的鼎力协助，是他们帮助我创作了这样精彩的一本书。最后，我要感谢我的家人对我无条件的支持！

Shizu